"多么浪漫啊,我所有的挽歌都在为我作颂。"
——泰勒·斯威夫特,"The Lakes"(《湖》)

心碎是我们的赞歌

HEARTBREAK
IS THE NATIONAL
ANTHEM

泰勒·斯威夫特
音乐传记

［美］罗布·谢菲尔德（Rob Sheffield）_ 著
段弄玉 _ 译　陶然 _ 审校

中信出版集团 | 北京

图书在版编目（CIP）数据

心碎是我们的赞歌：泰勒·斯威夫特音乐传记 / （美）罗布·谢菲尔德著；段弄玉译 . -- 北京：中信出版社, 2025. 5. -- ISBN 978-7-5217-7352-1

Ⅰ . K837.125.76

中国国家版本馆 CIP 数据核字第 2025VA0818 号

HEARTBREAK IS THE NATIONAL ANTHEM by Rob Sheffield
Copyright © 2024 by Rob Sheffield
This edition arranged with DeFiore and Company Literary Management, Inc.
through Andrew Nurnberg Associates International Limited
Simplified Chinese translation copyright © 2025 by CITIC Press Corporation
ALL RIGHTS RESERVED
本书仅限中国大陆地区发行销售

心碎是我们的赞歌——泰勒·斯威夫特音乐传记
著者： ［美］罗布·谢菲尔德
译者： 段弄玉
出版发行：中信出版集团股份有限公司
（北京市朝阳区东三环北路 27 号嘉铭中心　邮编　100020）
承印者：　北京联兴盛业印刷股份有限公司

开本：880mm×1230mm 1/32　　印张：8.25　　字数：180 千字
版次：2025 年 5 月第 1 版　　印次：2025 年 5 月第 1 次印刷
京权图字：01-2024-6539　　书号：ISBN 978-7-5217-7352-1
定价：69.00 元

版权所有·侵权必究
如有印刷、装订问题，本公司负责调换。
服务热线：010-84849555
投稿邮箱：author@citicpub.com

HEARTBREAK IS THE NATIONAL ANTHEM
How Taylor Swift Reinvented Pop Music

我人生中的那些时光：
致萨拉（"Long Live"）、悉尼（"Tim McGraw"）、
艾莉森（"Right Where You Left Me"）、查利（"Enchanted"）、
马修（"Champagne Problems"）、杰姬（"White Horse"）、戴维（"Clean"）、
玛吉（"Nothing New"）

目录

| 推荐序 | 音乐、情感与女性的力量　　VII |

| 序曲 | 我们的歌是那扇猛然关上的门　　XV |
| | "有时候,你需要一首能道出你心底感受的歌。" |

| 01 | 泰勒星球:很高兴遇见你,你去了哪里　　001 |
| | 她的成名之路没有先例可循,所以她必须亲手开辟一条全新的道路。 |

| 02 | 我爱你,这正在毁掉我的生活　　015 |
| | 她坚信她的情绪就是整个宇宙,而表达这些情绪就是宇宙存在的理由。 |

| 03 | 那位年轻、聒噪且不擅长冷静的女艺术家　　025 |
| | 唉,成为泰勒·斯威夫特的粉丝意味着无尽的痛苦与狂喜。 |

| 04 | 早年时光:请想象我在林间　　033 |
| | 面对恐惧望而却步?泰勒根本不会有这种问题。 |

| 05 | 第五首歌:《刻骨铭心》的叙事诗　　041 |
| | "我想讲述这个故事,关于少女时期的伤口如何逐渐结痂,变为成年时期的疤痕。" |

| 06 | 我们一起长大　　055 |
| | 泰勒爱那些热爱音乐的女孩,她改变了世界,让她们拥有了自己的位置。 |

| 07 | 《无所畏惧》　　061 |
| | *Fearless* 奠定了她作为明星的形象,虽然这也是她此后反复试图反抗的形象。 |

| 08 | 人人都爱心机,人人都爱耍酷　　065 |
| | "人们很难想象,我会多么不厌其烦地去证明一个观点。" |

| 09 | 写在她手臂上的歌词　　073 |
| | 她将"追星"升华为一种艺术形式,这就是她创作这些歌曲的根源。 |

10 《着迷》 079
她向世界证明了自己可以独自完成整张专辑。

11 她手上每一道琴弦刻下的伤痕 083
如果没有吉他，我们或许就无法想象她的崛起。

12 《弓箭手》 089
“我从未成熟蜕变，这早已是老生常谈。”

13 桥段：泰勒梦中的 13 首歌 095
这些歌曲无一例外地听起来像是她的一部分，也是她正在建造的“桥”的一部分。

14 《红》 115
在这张专辑里，泰勒决定全身心拥抱自己对流行乐轰鸣般的热爱。

15 泰勒的密码 119
泰勒诱导人们像读自传一样解读她的歌曲，却将她最深的秘密深藏于心。

16 《1989》 129
“我可以制作任何我想要的专辑。”

17 打破定义与限制 137
泰勒乐于发挥“nice”这个词所暗含的那种自嘲式的女性能量。

18 《新浪漫主义》 143
“我可以用他们扔向我的砖块建造一座城堡。”

19 反派时代 151
在公众面前被证明清白后，泰勒本可以功成身退，但她选择再次投入战斗。

20 《名誉》 165
葬送了自己的名誉后，她迎来了真正的生命。

21	泰勒版本的泰勒版本　175	

她拒绝让外部力量定义自己的艺术叙事。

22	《残酷夏日》　185

曾经的"夏日金曲",终于等到了属于它的夏天。

23	主打单曲　189

在流行音乐史上,还没有哪位流行明星将其如此深刻地融入自己的艺术进程。

24	我没睡着,我很清醒:《恋人》　193

Lover 既是一个 10 年的终点,也是一个时代的起点。

25	《民俗故事》　199

"拿起笔,是我逃向幻想、历史与记忆的一种方式。"

26	《迪斯科灯球》　207

"我还是每一步都如履薄冰,我还在竭尽全力让你们因为我而笑出来。"

27	《玛乔丽》　211

"逝去的并未真正消亡。"

28	《就在你弃我而去之处》　217

"有时放弃也是一种强大,有时逃离也是一种勇敢。"

29	《午夜时分》　221

"我希望自己被我所爱的东西定义。"

终章	直到永恒　227

这是一部流行音乐的历史——丰富、深邃、层次分明,而她仍在我们眼前不断改写。

致谢	237

推荐序

音乐、情感与女性的力量

中国传媒大学音乐与录音艺术学院教授　张谦

"她站在两万人的舞台上，左臂上用马克笔写着'我走在孤独的路上，一路漂泊'。"

从你翻开这本书的第一页起，你就仿佛走进了一个充满音乐与情感的世界。"泰勒·斯威夫特"早已超越一个歌手的名字，成为一种情感的共鸣、一种成长的见证、一种文化的象征。泰勒的音乐早已化作记忆的经纬，成为无数乐迷生活的一部分。罗布·谢菲尔德的《心碎是我们的赞歌》不仅是一本泰勒的音乐传记，更是一封写给所有曾在她音乐中找到慰藉的人的来信。对中国的粉丝来说，这本书是一次深入泰勒音乐世界的绝佳机会。

泰勒的音乐：从心碎到治愈

对广大中国乐迷而言，泰勒·斯威夫特的音乐超越了语言的界限，成为无数人心中的情感寄托，泰勒的歌曲评论区总是充满了粉丝们的情感故事。每当夜幕降临，无数人戴上耳机，沉浸在泰勒的音乐中，等待她的歌声抚平一天的疲惫与心碎。

在网易云音乐上，泰勒的歌曲"Exile"(《流放》)的评论区有一条引发众多共鸣的留言。听众分享道，每当深夜聆听这首歌时，男声低沉的吟唱仿佛让人置身幽暗密林，充满压抑与迷失感，然而当泰勒的声线渐渐扬起时，微光穿透阴霾，带来一种救赎般的温暖。这种从沉沦到希望的微妙转变，或许正是许多人在这首歌里找到的情感投射：既是对孤独心境的真实映照，也暗含着对治愈的隐秘渴望。最动人的或许是那些未被说破的部分，就像那段评论中欲言又止的孤独。泰勒通过音乐与听众建立起深刻的情感连接，让每个听众都能在歌词的褶皱里藏进自己的故事。

泰勒的音乐不单单是旋律与歌词的精妙结合，更是一种与乐迷间的深度情感传递。她的每一首歌都像是一面镜子，映照出听众内心的情感波动。无论是初恋的甜蜜，还是失恋的痛苦，泰勒的音乐总能找到与之共鸣的听众。正如谢菲尔德在书中所写："泰勒诱导人们像读自传一样解读她的歌曲，却将她最深的秘密深藏于心。"这种情感的共鸣，正是泰勒音乐的魅力所在。

社交媒体上的泰勒：从共鸣到共创

在中国，泰勒·斯威夫特的粉丝群体被称为"霉粉"，他们在社交媒体上展现了极大的热情与创造力。从微博上热度高涨的超话讨论，到小红书上层出不穷的穿搭分享，泰勒的影响力在中国各大社交媒体平台上无处不在。中国粉丝用数字时代的独特语法，将偶像崇拜演绎成可持续的情感投资。

在微博上，泰勒的超话经常登上热门话题榜，霉粉们在这里分享她的最新动态、讨论她的音乐作品，甚至自发组织各种线上线下的活动。每当泰勒发布新歌或宣布新的巡演，微博上总是瞬间掀起一股热潮。霉粉们不仅在这里表达对泰勒的喜爱，还在这种和谐与友善中结识了志同道合的朋友，形成了一个紧密的社群。

在小红书上，霉粉们把音乐热爱转化成生活方式，从更多元的角度展示自己对泰勒的喜爱。他们自发分享泰勒的演唱会攻略、推荐她的周边产品，甚至模仿她的穿搭与妆容，那些精心复刻的红唇造型和手作友谊手链，让音乐信念有了具象化的表达方式。小红书上"Taylor 演唱会"的话题浏览量高达 1.1 亿次，霉粉们在平台上分享和交流自己在演唱会现场的体验，将泰勒的音乐世界延伸至现实生活。

从微博的讨论到小红书的二创，霉粉们不仅通过社交媒体表达对泰勒的喜爱，还通过这种方式与她建立起一种独特的情感连接。正如谢菲尔德在书中所写："她深知，有一小群忠诚的粉丝会特别留意这些文字，记录下来，并分享其对应的歌曲、艺术家和歌词背后的意义。"这种互动不仅让霉粉们感受到泰勒的关注，也让他们在社交媒体上找到了归属感。

泰勒与粉丝：从音乐到情感

泰勒·斯威夫特与粉丝之间的互动，早已超越普通歌手与听众的关系。她不仅通过音乐与粉丝建立情感连接，还通过社交媒体与粉丝频繁互动。无论是回复粉丝的评论，还是发布粉丝喜爱的歌曲，数万条带着时间戳的互动在此汇成情感暗号，泰勒总是以最真诚的方式回应粉丝的爱。

在 QQ 音乐上泰勒专辑 *Lover*（《恋人》）的评论区，一位听众对这张专辑的深层意义发表了独到的见解。这位听众分享道，与 *Reputation*（《名誉》）的暗黑风暴不同，*Lover* 更像是雨过天晴的绚烂彩虹，它见证了泰勒从舆论旋涡中走出，以温柔坚定的姿态重新定义自己。尽管外界曾给她贴上各种标签，比如"绯闻女王""蛇蝎美人"，但这些片面的评价从未触及真实的她。事实上，她一直在用行动证明自己：支持性少数群体、为粉丝购置房产、举办温馨的专辑试听会、默默投身慈善事业。这张专辑不仅是她音乐风格的转变，更是一份献给世界的爱的宣言。这段评论不仅表达了粉丝对泰勒音乐的热爱，也揭示了她如何通过音乐与行动影响粉丝的生活。

霉粉们不仅在她的音乐中找到共鸣，还在她的行动中感受到她的关怀。无论是为粉丝买房,还是通过慈善捐款帮助有需要的人,泰勒总是以实际行动回馈粉丝的支持。与其说这是偶像与粉丝的关系,不如说这是一场持续 10 多年的情感合谋。这种真诚的互动让粉丝感受到她不仅仅是一个歌手,更是一个值得信赖的朋友,让每个参与这场情感共建的人,都在虚实之间触摸到了真实的温度。

泰勒的音乐世界:从个人到文化

泰勒·斯威夫特的音乐不仅是个人情感的抒发,而且对流行文化产生了深刻的影响。她的每一张专辑都像是一次文化的探索,从乡村音乐到流行、摇滚、电子,再到民谣,其音乐风格的不断演变恰似一部流动的流行文化纪录片,同时始终保持着对情感的真实表达,悄然重塑着全球青年的情感共鸣。

泰勒·斯威夫特的音乐是一种艺术表达,也是一种文化现象。当同一段旋律在不同文化背景下被聆听时,就已然构成了一种文化的交流与融合。泰勒的音乐世界是多元的,她的每一首歌都像是一扇窗,透过它,我们可以看到不同的情感与文化。无论是 *Red* 中的初恋甜蜜,还是 *1989* 中的都市风情,泰勒的音乐总是能够带我们进入一个全新的世界。泰勒的音乐像是一幅文化拼图,让她的乡村吉他声跨越大洋,成为上海咖啡馆与纽约地铁站共同的背景音乐。《心碎是我们的赞歌》这本书正是带领我们深入这个世界的绝佳指南。

女性赋权：泰勒的音乐与女性力量的觉醒

泰勒·斯威夫特不仅是一位音乐人，她还是一位坚定的女性赋权倡导者。她在音乐作品和公开发言中多次提及性别平等、女性权益等议题。泰勒·斯威夫特将音乐化作性别议题的声场，用自己的声音为女性发声，让无数女性粉丝感受到了支持与关怀。

在"The Man"（《男人》）这首歌中，泰勒直接挑战了性别双重标准，唱出了女性在职场和社会中面临的不公。她通过音乐表达了对性别平等的强烈呼吁，激励了无数女性勇敢追求自己的梦想。正如她在歌中所唱："如果我是男人，我一定能成为那个掌控一切的人。"这句歌词不仅是对性别不平等的控诉，更是对女性力量的肯定。

真正的赋权从不止于口号。泰勒的女性赋权不仅体现在她的音乐中，还体现在她的行动上。她积极参与慈善活动，支持女性教育，帮助那些在困境中的女性。她的这些行动赢得了粉丝的尊敬，也让更多人意识到女性赋权的重要性。

泰勒的女性赋权理念也深深影响了她的中国粉丝。许多女性粉丝在社交媒体上分享她们如何从泰勒的音乐中获得力量，勇敢面对生活中的挑战。在小红书上，有霉粉写道："泰勒的音乐让我明白，作为女性，我们不必迎合他人的期待，我们可以勇敢做自己。"这种共鸣不仅让泰勒的音乐更具意义，也让她的女性赋权理念在中国得到了广泛的传播。

心碎是我们的赞歌，女性力量是我们的旋律

泰勒·斯威夫特的音乐就像是一首关于心碎与治愈的赞歌。她的每一首歌都是一次情感的旅程，带领我们从心碎走向治愈，从孤独走向共鸣。罗布·谢菲尔德的《心碎是我们的赞歌》正是对这段旅程的深刻解读。这是一本音乐传记，更是一部深入讨论流行音乐与个人情感、文化现象之间关系的作品。通过这本书，读者可以更深入地理解泰勒的音乐世界，以及她如何通过音乐影响了无数人的生活。

对中国的粉丝来说，这本书是一次深入了解泰勒音乐的机会，也是一次与泰勒情感共鸣的体验。无论是网易云音乐深夜评论区的心事漂流，还是小红书上的巡演攻略穿搭二创，泰勒的音乐早已成为我们生活的一部分。对成长于社交媒体时代的中国乐迷而言，这本书是音乐信念的注脚，也是自我成长的镜像——每个人都会在翻动的书页间与千万个深夜听歌的自己重逢。

正如泰勒在"All Too Well"（《刻骨铭心》）中所唱："你记得一切。"我们也将在她的音乐中，找到属于自己的记忆与情感。心碎是我们的赞歌，泰勒的音乐正是这首赞歌中最动人的旋律，她歌曲之外的女性力量更是这首赞歌中最强有力的音符。

我们的歌是那扇猛然关上的门
Our Song Is a Slamming Screen Door

泰勒·斯威夫特第一首改变了我生活的歌是"Our Song"(《我们的歌》)。这是我第一次听到她的歌,这首歌让我在午餐时突然停了下来,也是这首歌让我成为她的粉丝。那是2007年的夏天,我每天都会做一个烤奶酪三明治,然后看哥伦地区及华纳兄弟共组的联合电视网在下午重播的情景喜剧《独领风骚》和《同屋姐妹》。他们往往会在剧集之间播放一些流行歌曲,泰勒的这首歌让我从厨房里冲了出来。"我们的歌是那扇猛然关上的门"(Our song is a slamming screen door)[①],这副歌多棒啊!我喜欢里面的每一个细节:班卓琴、

---

① 后文出现泰勒·斯威夫特歌曲的歌词之处均括注了英文原文,以免破坏原曲中之义的文学性和创造性。——编者注

小提琴，还有她唱"天色已晚，不要让你妈妈发现"（It's late and your mama don't know！）时的鼻音……尤其是结尾，歌里唱道女孩拿起吉他写下她最爱的歌，也就是她刚刚唱的这首歌，这首她用尽一生去等待的歌。

我开始在谷歌上搜索这首歌的演唱者。我喜欢她的嗓音，更令我好奇的是这么动人的旋律出自谁手。结果我发现这位歌手一手包办了歌曲的创作，作曲者就是歌手本人，这在当时的乡村音乐界可谓凤毛麟角。而且让我惊讶的是，她才刚刚出道，才 16 岁！天啊，希望她别是昙花一现。

2011 年 11 月，我来看泰勒·斯威夫特在纽约麦迪逊广场花园的现场演出。这是她 *Speak Now*（爱的告白）巡回演唱会北美站的最后几天，也是我第一次见到舞台上的她。从我听到"Our Song"的那天起，她已经写了十几首我非常喜欢的歌。在舞台上，她这样介绍自己："希望你们别介意，我想讲几个我自己的故事。"

当时，泰勒已经非常有名——不仅仅在乡村音乐界。她是歌手、词曲创作者、吉他手、讲故事的人、一个情感丰富的人，还是出演过《情人节》这部口碑不佳的电影的演员。我已经在《滚石》杂志上对她赞不绝口了。作为一个身高近两米的男人，我知道今晚我不能站起来，否则可能会挡住后面几排观众的视线。但落座后，我意识到自己连坐直都很难，因为我周围有很多个子矮矮的小粉丝。我实在没想到她的观众中有这么多小孩。在大为惊叹的同时，我只能曲着背观看演出。这些粉丝知道自己也是这场演出的一部分，他们穿着自制的服装，举着彩色灯牌，还拿着无数的荧光棒。他们头上顶着彩色灯泡，组成各种充满了猫咪元素和数字 13 的图案，手里则举着"爱的喵白"（Speak Meow）的标语。对其中大多数人来说，泰勒是他们见过的第一个弹吉他的女孩。他们来这里，看泰勒唱出她的生活，也听她唱出他们自己的生活。

泰勒已经掌握了作为摇滚明星的所有动作，唯独缺少的，就是偶尔把火候降低一点儿。伴随着汤姆·佩蒂的《美国女孩》（"American Girl"）那令人振奋的吉他声，她闪亮登场，现场随即爆发出震耳欲聋的尖叫声。接下来的两个小时，现场持续保持着喷气发动机般的音量。观众的心随着她每一次吉他指法的变化、每一个音符中的颤抖而起伏。泰勒告诉女孩们："有时候，你需要一首能道出你心底感受的歌。"

她还一遍又一遍地告诉大家，她能看见他们。"我看向观众席，看到了无穷的创造力。"泰勒说，"我还记得自己小时候躺在床上，想象着成为歌手、做自己喜欢的事会是什么样子。这种想象对我来说很酷，但和我现在看到的相比，那些根本不算什么。我想说的是，你们比我梦中的幻想还要美好！"

现场没有人保留任何情绪，尤其是泰勒。还有谁能写出"Long Live"（《不朽》）中汹涌澎湃的摇滚情绪、"Enchanted"（《着迷》）中低吟浅唱的浪漫抒情、"The Story of Us"（《我们的故事》）中热血沸

XVIII 心碎是我们的赞歌

腾的流行朋克、"Love Story"(《爱情故事》)中的热烈和坦荡、"Last Kiss"(《最后的吻》)中的催泪和痛楚、"Ours"(《有你有我》)中的叛逆和坚韧?没有人,只有她。泰勒·斯威夫特的原型是一个害羞的女孩,她试图摆出一副强硬的姿态,努力伪装,直到自己成功。这让我感同身受,在我成年后的大部分时间,我都在故作坚强,假装自己已经搞定一切,但我的内心无比软弱。在这之前的多数情况下,我都是戴着耳机,一个人听她的音乐。此刻,我终于在现场听到她的音乐,看着她把那些最稚拙的情感放大,在整个体育馆回荡。

在整场演出中,唯一让我感到有些无聊的时刻是她唱贾斯汀·汀布莱克的歌时。我意识到可以去上个厕所了。在那间唯一的、还没被女生占领的男厕里,水槽干净得可以用来吃早餐。

在这次巡回演唱会中,她每场都会唱一首本地歌手的致敬曲目。在路易斯安那,她唱了布兰妮·斯皮尔斯的《幸运》("Lucky");在华盛顿特区,为了纪念米娅,她唱了《贫民窟巨星》("Ghetto Supastar")。她往往还会邀请一位本地歌手合唱。在亚特兰大,她与 T. I. 合唱了《好好生活》("Live Your Life"),她唱蕾哈娜的部分。谁会担任纽约场的嘉宾呢?我们都没猜中——是 20 世纪 90 年代的摇滚乐队咕咕玩偶的成员、来自水牛城的约翰尼·瑞兹尼克。他们合唱了《彩虹女神》("Iris"),泰勒说这首歌是"有史以来最伟大的歌曲之一"。约翰尼看起来并不是很兴奋,他似乎不太确定这个演出是否完全适合自己。说实话,他看起来有点儿尴尬。泰勒明显更投入,她富有热情地将这首歌献唱给她的粉丝。我没法责怪约翰尼，但当他对泰勒的粉丝唱出"我只想让你知道我是谁"时，我从这跨代际的时刻中感受到一种笨拙的甜美。

我满心欢喜地走出场馆。我已经做了很久的音乐记者，去过无数现场，见过很多著名的艺人，但我从未见过今天这种现场，包括泰勒的全情投入、粉丝的狂热、表演者与观众之间的深度连接。对我来说，这更像是我少年时期去过的朋克演出，是它们让我爱上现场音乐所带来的混乱和快感。在离开演出现场时，我对已经可以预见的未来感到愈加兴奋。我不停地想，我等不及看到这些女孩长大，组建她们自己的乐队。这么多孩子爱上了音乐，因为她们也可以参与其中。这么多年轻歌迷听到泰勒告诉她们，女孩们有自己的故事，而且这些故事值得被讲述。她们将学会弹吉他，写自己的小说，画自己的画，过自己的人生。我忍不住对我的朋友们说，10年后，我最喜欢的音乐将来自这些女孩。那些看过这场演出或者在收音机里听过这些歌的人，听到有个声音告诉她们："抛下一切顾虑吧！"（Drop everything now!）她们听到泰勒这么说，决定自己也要这么做。

事实证明，这就是后来发生的一切。

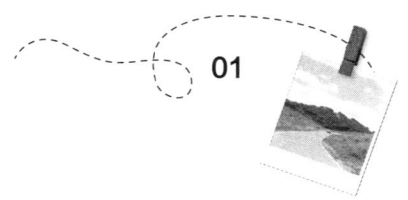

01

泰勒星球：
很高兴遇见你，你去了哪里
Planet Taylor: Nice to
Meet You, Where You Been

历史上从未出现过像泰勒·斯威夫特这样的人物，没有人可以与她相提并论。2024 年，她正处于声望的顶峰，文化和商业影响力无与伦比，艺术创造力同样达到巅峰，她的工作节奏快得令人咋舌。然而，她已经处于这种巅峰状态长达 18 年。这种事前所未有，没有人能像她一样，不断变得更受欢迎、更加高产，而且始终处于行业的顶端。你找不到可以与她相提并论的人，哪怕是那些伟大的艺术家。披头士乐队的活跃期仅持续了 8 年，而在那时，泰勒刚凭借专辑 1989 火起来。

斯威夫特的故事是独一无二的。世界上只有一个她，恐怕也只能有一个她,因为这可能是我们这个世界所能承受的极限了。在 *Red*（红）巡回演唱会期间,她曾自我介绍说:"嗨,我是泰勒,我写的歌都源于我自己的感受。大家总说我有很——多感受。"没错,泰勒,大家没有说错。

21 世纪 20 年代,泰勒·斯威夫特掀起一种文化热潮。她是流行音乐中最复杂、最迷人的人物。她是红毯名流,似乎人人都认识她。她是公众最为熟知的艺术家,同时,她也是最奇怪、最神秘的那个。当她初次亮相时,她是一个抱着吉他要征服纳什维尔的少女,她确实会弹吉他,但她的南方口音极其不自然。她起初以乡村歌手的身份成为"美国甜心",但后来又转向了合成器流行乐,并取得了更大的成功。此时此刻,泰勒已成为自迈克尔·杰克逊或披头士乐队之后最具影响力的流行巨星。尽管看上去她已经没有什么上升空间,她的受欢迎程度却依旧在攀升。她在 21 世纪 20 年代创下 7 张专辑登顶榜单的纪录。泰勒是一位全球现象级人物、一位错综复杂的情感的制造者、一位为女性大胆发声的活动家、一位超感性表达的推崇者、一位天生的摇滚明星。

作为一个明星,泰勒体现了流行音乐所有令人费解的矛盾和文化谜团。多年来,她不断地尝试和改变,总是奔向她的下一个大胆之举。她将继续作为流行文化中最具争议性的人物而存在。她会做出令人震惊的艺术转变,这些转变没人能预料到,甚至没人想让它们发生。她会让体育场里的观众在夜晚站起来并大喊:"去他的父权制！"她会做合成器迪斯科和原声民谣的专辑，也会因为个人原因决定重新录制她的整个作品集。虽然所有人都觉得这个主意行不通，但她做到了，还让每一张"泰勒版本"专辑的发行成为盛事。她会让全世界数百万人对一条围巾产生情感共鸣，而那条围巾可能只是玛吉·吉伦哈尔 2011 年用来擦洒出来的洋甘菊茶的破布。

她会变成许多不同的泰勒，每一个都想掌控麦克风。她会做出惊人的决策，或者酿成灾难性的失误，因为这正是摇滚明星的常态，让我们不断地扼腕叹息。她会和乡村音乐分手，然后复合。她会和单身生活分手，然后再复合。她会被评判、被谴责、被嘲笑、被抨击。（被忽视？那恐怕不太可能。）她会有伟大的想法，也会有糟糕的主意。她会把一些糟糕的主意变成伟大的歌曲，反之亦然。在任何情境中，她都能发掘出戏剧性，无论它们看起来多么琐碎或平常。她会改变流行音乐的制作、聆听和体验方式。她会诱人近前，会拂袖而去。对任何想要过冷静、理性的情感生活的人来说，泰勒都是个糟糕的榜样。她会全身心地投入每一段感情，仿佛这是她人生最后一次感受到情绪。

2024 年，"泰勒·斯威夫特就是音乐产业"的说法已成为陈词滥调，但事实确实如此。她的时代巡演如此轰动，以至于很难用行业的传统视角考量——2023 年时代巡演的收入高达 10 亿美元，超过了第二名和第三名（碧昂丝演唱会和布鲁斯·斯普林斯汀演唱会）的总和。她的 *The Tortured Poets Department*（《苦难诗社》）不仅是 2024

年上半年销量最高、流媒体播放量最大的专辑,其销量甚至超过了当年销量榜前十中其余9张专辑的总和,而且前十名中有5张是她的专辑。每当人们觉得泰勒·斯威夫特已经达到巅峰时,她总能再创辉煌,甚至连她的粉丝都觉得不可思议。她为什么越来越火?怎么能有这么多人在她的歌曲中发现自我?对她成功的解读数不胜数,但都失败了。她的成功不是因为她的时尚形象,不是因为她著名的前男友们,不是因为她精巧的个人叙事,也不是因为她的榜样作用,或者说缺乏榜样作用。她的成功无法被简化为时尚、潮流、歌词、形象或商业头脑,她也不能被简化成一个敏感的年轻人会经历并最终超越的阶段。那么,这一切到底该如何解释?

泰勒始终是一个词曲创作者,这比其他身份都重要,尽管这是别人最不愿注意到的事。她有一种独特的天赋,能够写出让人们感同身受的歌。她的音乐不断以最匪夷所思的方式跨越代际和文化边界。她最开始为她的青少年粉丝歌唱,但她并不满足于此,她希望全世界都能听到她的歌曲。你总能听到这样的说法:泰勒研究过她的偶像,学会了他们的技巧,并在这些技巧中加入了自己的风格。年少时,她就对音乐史有学术性的认知,并且对自身进行了大胆定位。她的目标是将自己(以及她的听众)写进那漫长的、浮华的、血腥的、混乱的、疯狂的流行音乐史。没有人能预测这些歌曲究竟会走多远。

对一些人来说,泰勒是个创意天才,是一股文化力量,是一位女性主义叛逆者,她用"女孩们冲锋在前"的能量冲击着历史,她甚至拥有治愈生病小猫的力量。对另一些人来说,她是一个自私自利的、口蜜腹剑的、哭哭啼啼的妖女,一个满口女权和艺术家权利却只是为了报复一己私怨的伪君子;她是讽刺之王,在扮演受害者、诋毁男性的同时,还成了自恋型人格的象征;她是资本主义、阶级特权、自我沉醉、自怨自艾、自我放纵的代表;她是一个追逐闪光灯的妖女,收集名人男友作为创作素材;她是一个颠覆家庭价值的腐化者、一个"美国傻瓜";她是一个在颁奖典礼上翩翩起舞,让一切都围着她转的"聚光灯控";她是一个在"大泰勒"的庇护下,监管音乐行业企业收购的强盗大亨;她是一个坐在邪恶王座上的被宠坏的公主。

泰勒的自负、她的过分张扬、她连 1 秒都无法停止做自己……这些可谓"罄竹难书"。我们完全可以理解为什么她会让人抓狂。她从不缺乏艺术上的自信。在还是个小姑娘的时候,她就决定改写罗密欧与朱丽叶的情节。("我和你爸谈过了"?罗密欧可是刚刚杀了朱丽叶的堂兄!)即便还是个孩子,她的事业心已经强到让人望而生畏。2006 年,在她的第一次全国广播电台采访中,主持人问:"是什么成就了你的今天?"这是个送分题。任何新人在这种时候都会感谢父母,感谢他们鼓励她追随梦想;感谢上帝,因为一切皆有可能;感谢她的粉丝,说句"你们最棒",因为没有他们就没有成功的她。

但泰勒毫不犹豫地回答:"如果没有我的吉他,我不会有今天。"

她激发了忠诚、仇恨、恐惧、蔑视，遭到的冷嘲热讽多如牛毛。你无法完全理解她，除非你也能理解她带给人们的各种强烈的情感反应。泰勒之所以是泰勒，一部分原因是和她相关的话题总能引发争论。许多人常常觉得泰勒令人恼火、令人疲惫，就连泰勒·斯威夫特本人也这样认为。

她创造了史无前例的粉丝社群。我连续三晚观看了时代巡演，在第一个晚上，我到停车场还没10分钟，一个陌生人就送了我一条写着"贝蒂的羊毛衫"（BETTY'S CARDIGAN）①的友谊手链。三晚的演出都像部落的仪式庆典一般，霉粉们盛装出席。我看到无数的"美国甜心小姐"、牛仔女孩和迪斯科灯球，还有人戴着纽约大学的毕业帽②或是穿着老鹰乐队在20世纪70年代巡演时的纪念T恤。（我侄女的室友则扮成了一对有着纯真目光的同性爱人。）我带了几包纸巾，不出所料地在周日晚派上了用场。在 Fearless（《无所畏惧》）的间奏刚刚响起时，我这排就有人泪腺失守了。当泰勒以"'Tis the Damn Season"（《这糟糕的季节》）开始 Evermore（《永恒故事》）的部分时，保安走过来对我说："您带纸巾了吗？"坐在我几排外的几个粉丝也遇到"泪腺紧急情况"，他们一边啜泣一边对我说："我真的太爱这张专辑了！"只有在泰勒的演唱会上才会发生这

---

① 在 Folklore（《民俗故事》）里，泰勒用"Cardigan"（《羊毛衫》）、"August"（《八月》）和"Betty"（《贝蒂》）三首歌讲述了一个三角恋故事。——译者注
② 2022年，泰勒在纽约大学的毕业典礼上被授予荣誉博士学位。——译者注

样的事。当"All Too Well"的前奏响起时,站在我身后的女士直接跪在地上,像婴儿一般放声大哭了整整10分钟。泰勒,你简直是我的英雄。

虽然泰勒·斯威夫特自身就由一个个悖论组成,但她最核心的悖论在于,她写的歌总和那些最细微、最隐秘的痛苦有关,那是你甚至都不会向朋友倾诉的经历。然而,泰勒知道,处理这些痛苦的唯一方式就是将它们转化为震撼人心的体育场大合唱。和6万人一起合唱"My Tears Ricochet"(《泪光四射》)实在是太奇怪了。泰勒穿着哥特祭司般的长袍,带领着一群头戴黑色兜帽的哀悼者,像是在进行一次葬礼上的游行。当她唱到那句几乎平平无奇的歌词——"当我向天空呐喊"(when I'm screaming at the sky)——的时候,她真的在对着天空呐喊。真是酣畅淋漓!不管你多么熟悉这些歌曲,当你和一群狂热的霉粉一起聆听时,那种感觉截然不同。大家齐聚一堂,享受这种集体的狂欢、这种狂热的释放,以及这种在黑暗中肆意宣泄的快感。

周日晚,在 *Midnights*(《午夜时分》)结尾时,我听到一些嘈杂声。我本以为是保安和粉丝发生了冲突,但发现他们只是在交换友谊手链。这就是泰勒的演出。时代巡演是一场穿越时光的旅程,由她曾经扮演过的不同版本的"泰勒"主演,这意味着每一个登台的"泰勒"都代表着你曾经历的那些时光。泰勒设计每一场巡演的初衷,就是为了让它成为你我生命中最难忘的夜晚。而这一次,她把巡演设计成了我们生命中所有美好时光的集合，囊括了我们曾走过的每一个时代。这是一场庆典，献给她和观众多年来共同经历的梦幻旅程。歌迷成为她所创造的世界的一部分，没有任何体验能与之媲美。

对我出生于 21 世纪初的小侄女们来说，泰勒就是披头士乐队、汽车城唱片、布鲁斯·斯普林斯汀、布兰妮和草莓冰激凌的叠加。她们把卧室的墙壁变成了粉丝的"圣殿"，贴满了泰勒的照片、歌词和专辑封面。当我姐姐看到女儿们的房间时，她无奈地说："我在这个年纪的时候，墙上全是男生的照片。"还是孩童的时候，她们想象着泰勒某天会来照看她们，但得知并不是所有少女都会兼职做临时保姆后，她们十分失望。她们学会了弹吉他，这样可以演奏这些歌曲。她们教我如何解读歌词中的密码，但我在泰勒问答测试中输惨了，我甚至拼错了"怀奥米辛"（Wyomissing）这个地名，连补考的机会都没有。

"White Horse"（《白马》）是我 3 岁的侄女和 4 岁的侄子在我父母后院里唱给彼此听的歌。他们轮流表演，一个站在门廊上深情演唱，另一个在台下充当观众，热烈地欢呼鼓掌，然后交换角色。就像聆听一位大姐姐倾诉她的真实情感一样，他们毫无阻力地在这首歌中找到了共鸣。他们沉迷于走上门廊台阶的仪式感，陶醉于成为歌手、站在想象中的聚光灯下的幻想。对他们来说，"White Horse"中蕴藏的力量是他们触手可及的。

泰勒对流行音乐最大的贡献是什么？我们年轻时都曾梦想在长

大后统治世界，是什么让她与众不同？"流行乐女孩"不再只是一种类型、一种风格或一时的潮流，而是被她推向了音乐的核心地位。她重塑了流行音乐在粉丝心目中的形象。在 21 世纪前 10 年，她刚刚起步时，一个年轻女孩亲自为自己写歌、真诚地表达自我感受是一件非常罕见的事情。而如今，这几乎成了流行音乐的代名词。

泰勒始终坚持着"Fifteen"（《15 岁》）所传递的精神。这首歌是她在未满 20 岁时创作的，她直接与同龄的女孩对话，坚信即使是最普通女孩也有值得讲述的故事。她们的故事是重要的，她们的秘密是珍贵的，她们的友谊是真诚的。在这一世代的听众成长的世界里，音乐界最耀眼的明星正是那个坚信每个女孩心中都有一首歌且有权利唱出来的人。通过聆听其他女孩的歌声，每个人都能让自己的生活变得更好，即使是仅仅在洗手间排队时得到一个带着龙舌兰酒味的拥抱。说泰勒从乡村音乐跨界到流行音乐并不那么准确，因为她的成名之路没有先例可循，所以她必须亲手开辟一条全新的道路。詹姆斯·泰勒对琼尼·米切尔的评价同样适用于泰勒·斯威夫特："她不仅在画布上作画，她还在创造整块画布。"如今，我们生活在一个被"泰勒·斯威夫特"深深影响的世界里。

泰勒总是全力以赴地、也许有些笨拙地将那些女孩带入音乐的世界，同时不断向大家强调这有多么简单。在 *Red* 巡回演唱会期间，她对年轻粉丝解释她的十二弦吉他："它的弦数是普通吉他的两倍，这就是你今晚的数学课了。"

泰勒第一次在公众面前遭遇失败是在 2010 年年初的格莱美颁奖典礼上，她与史蒂薇·妮克丝表演了一场堪称灾难的二重唱。她与这位"摇滚披肩女王"共同演唱了《里安农》（"Rhiannon"）。这本该是象征传承的光荣时刻，泰勒自己也称"与史蒂薇·妮克丝同台是童话般的荣耀"。然而，她刚开口就走调儿了，没有一个音符唱在调儿上，尴尬得让人脚趾抠地。妮克丝只是静静站着，保持着一贯的冷静与酷劲，而泰勒在她身边的劲舞却显得格外滑稽。那晚，泰勒赢得了包括年度专辑奖在内的四项大奖，但第二天人们谈论的全是她糟糕的声线。许多人质疑她是否真的有能力唱好一首歌。

在乡村音乐圈外，这场演出是许多观众第一次听泰勒唱歌。而对这些人来说，她不过是个被过度炒作的业余音痴。泰勒根本不是真正的歌手，这也意味着她可能什么都不是，她的格莱美奖只是个笑话。《华盛顿邮报》的评论尤为尖刻："在一场极其糟糕的演唱之后，依然赢得了 2010 年最重要的格莱美奖项，这就是泰勒·斯威夫特美好生活的一个夜晚。"《纽约时报》则批评她"音准有问题"。这种尖锐的批评甚至直接激发了她创作"Mean"（《刻薄》）的灵感。

多年后，《里安农》的那次合唱依然如幽灵般困扰着她。歌手在格莱美上失误并不罕见。几年后，阿黛尔也遇到了类似的尴尬场面（麦克风故障，听不见自己的声音，走调儿），事后她说："该死的事总会发生。"但那是人们第一次意识到，看泰勒失败是多么有趣。她的铁杆粉丝都对此津津乐道。泰勒栽跟头时，似乎格外有娱乐效果。

这成了她职业生涯中一以贯之的主题，从《里安农》一直延续到了电影《猫》——人们去看这部电影似乎只是为了嘲笑她身上的猫毛特效。我们早就知道，当她失败时，她绝不会小心翼翼地收场。就像麦当娜一样，她总能将失败变成传奇的一部分。

泰勒的一举一动都引人注目。她的工作节奏堪称疯狂，和其他艺术家截然不同。就像2007年的李尔·韦恩或1977年的大卫·鲍伊一样，她正处于炙手可热的时刻，粉丝们几乎跟不上她的步伐。更令人惊讶的是，她已经保持这种状态将近20年了。她从未停下脚步，每年都有新作品问世，甚至在业余时间重新录制了她此前的所有作品。泰勒进入了一种不可阻挡的推进状态，就像李尔·韦恩所说："真正的强者做事时总是悄无声息。"但她仍然年轻，仍处于巅峰。即使是伟大的艺术家，在职业生涯的第18年，往往也会经历创作的瓶颈期。当大卫·鲍伊走到这一步时，他正经历着20世纪80年代"云肩造型期"的滑铁卢，《永远别让我失望》（*Never Let Me Down*）并不成功。发布了《解放》（*Emancipation*）的歌手王子已成为"前著名艺术家"。布鲁斯·斯普林斯汀处于《幸运小镇》（*Lucky Town*）时期，鲍勃·迪伦在寻求重生，史蒂维·旺德则迷失在《植物的秘密生活》（*The Secret Life of Plants*）里。[另一方面，麦当娜则以《音乐》（*Music*）大放异彩。如果算上那些从乐队起家的艺术家，情况也可能会不同。] 这些艺术家后来依然推出了优秀的专辑，他们并没有江郎才尽，只是遭遇了"18年的瓶颈"。

泰勒却不曾经历这样的瓶颈。她必须成为时代的一部分。我们生活在一个充满超级流行偶像的时代,从蕾哈娜到坏痞兔再到德雷克,从 SZA① 到哈里·斯泰尔斯再到罗萨莉娅……而泰勒始终执着于融入时代潮流。她的崛起恰逢碧昂丝定义流行音乐全新边界的关键时期。从那时起,泰勒一直没有停止前进的步伐。碧昂丝可以好几年不发专辑,拒绝在公众面前发声,始终保持她天后般的神秘感。泰勒并未效仿碧昂丝的这种克制,但她是在碧昂丝所开创的、不断展现流行音乐更多可能性的时代中成长起来的。"我无法想象如果没有碧昂丝的影响,我的生活会是什么样,"泰勒在 2023 年写道,那时她们正在出席彼此的音乐会电影首映礼,"她教会了我,以及所有艺术家,如何打破规则,挑战行业规范。她是如此慷慨、坚韧、多才多艺。她一直是我职业生涯中的指路明灯。"

泰勒总是太过用力,她是个完美主义者。她不是天生的明星,而是不断地尝试、尝试再尝试。在"Fifteen"中,她曾唱道:"在坠入爱河前,别忘了深思熟虑。"(Don't forget to look before you fall.) 但就像她所给出的许多明智、理性的建议一样,这句话她自己从未真正考虑过遵循哪怕一次。没有人像她那样喜欢在黑暗中冒险,而且永远无怨无悔。她有着一颗从 0 到 60 岁的心,注定要经历戏剧性的爱情、烟火般的邂逅和突如其来的干扰。许多歌曲都体现了泰勒

---

① 美国创作型歌手索拉娜·伊玛妮·洛维。——译者注

这种特质，但我最喜欢的可能是"Holy Ground"（《圣地》）。在这首歌里，她沉醉于与新恋人之间深刻的灵魂联系，兴奋地描述他们有多么相似，随即一句点睛之笔："那就是我们相恋的开始！"（And that was the first day!）

但每次我听这些歌时，从未觉得自己是旁观者。泰勒写了几百首歌，它们总能以某种神奇的方式击中我，让我深陷自己的情感旋涡。有时候，我觉得她像是在大声朗读我的日记，让我因心事暴露而感到难堪。这些歌伴随我经历过悲伤、狂喜和痛苦。我无从为自己辩解。她那种努力无止境的能量确实令人害怕，但这也是她能够写出这些歌曲的唯一方式。

泰勒总是让人不由自主地将她的歌与她本人联系在一起，却始终将她最深的秘密藏在心底。人们喜欢猜测她作为名人、传奇或者小报头条常客的故事。这是游戏的一部分，也是乐趣的一部分。我和其他人一样，乐于参与这个猜谜游戏（虽然可能没有她自己那么享受）。然而，最令人着迷的泰勒始终是她音乐中的那个泰勒。她就像一块我们无法拼凑完整的拼图，同时也是一面镜子，映出我们自己的样子。

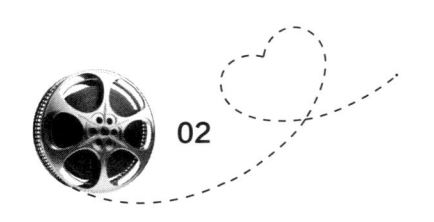

我爱你，
这正在毁掉我的生活
I Love You,
It's Ruining My Life

泰勒曾经将她的歌曲分为三类：钢笔、荧光笔和羽毛笔。2022年，她说："写歌词时，我会想象自己手里拿着什么样的笔。不过我没有真正的羽毛笔了，有一次我生气时把它弄坏了。"

钢笔类的歌曲是最直抒胸臆的。"我的大部分歌词都属于钢笔类，"泰勒解释道，"它们是现代社会的个人故事，像诗歌一样，用具体的细节描绘那些让你记忆犹新的瞬间，仿佛你能看见、听见、感受到每一个细节。"羽毛笔类的歌曲则带有复古的浪漫色彩，"就像你是 19 世纪的诗人，在烛光下写下一首十四行诗"。荧光笔则代表派对女孩的灵魂。"荧光笔类的歌曲让你想跳舞、唱歌，把闪光粉撒满整个房间，"她说，"你不需要太认真对待荧光笔写出的歌词，因为它们本身也不那么严肃。荧光笔写出的歌词就像派对上那个喝醉的女孩，她在浴室里兴奋地告诉你，你看起来像个天使。"

羽毛笔版的泰勒是我最喜欢的，*Folklore* 和 *Evermore* 都是她的杰作。但她并不会独立存在，她需要荧光笔版的泰勒推搡她、激怒她。同时，羽毛笔版和荧光笔版的泰勒都需要钢笔版的泰勒。她们之间不断争夺彼此的注意力，互相吸引、对抗，而这一切也深深吸引着我们。

泰勒创造了一位平易近人的叙述者。当我们谈论泰勒时，有时指的是歌曲中的泰勒，有时指的是创作这些歌曲的真实的泰勒，有时两者混淆不清，甚至有时连她自己也感到困惑。这就像《神曲》中的但丁，既是作为作者的诗人但丁，也是作为叙述者的朝圣者但丁。作为词曲创作者的泰勒，可能是朝圣者、恋人、病态的讨好者、闪亮的派对女孩，或者制造麻烦的人，也可能全都不是。在这一点上，她乐于保持神秘。在"Sweet Nothing"（《甜蜜情话》）这样的歌曲中，她自己与叙述者之间的界限非常暧昧。（不过现实中，这对情侣几个月后就分手了，所以……界限显然还是存在的。）但她确实将自己融入了她的音乐。

泰勒有两首热门歌曲叫"Shake It Off"（《通通甩掉》）和"You Need To Calm Down"（《你需要冷静》），但她本人完全没有能力做到这些事——摆脱困境、冷静下来、找到结局、跳过谈话、忘记某个人的存在或者长话短说。如果她在某首歌里宣称自己做到了，你可以放心大胆地打赌，她会在下一首歌的30秒内彻底推翻它们。就像保罗·麦卡特尼唱《顺其自然》("Let It Be")时，他其实从来没有真正"顺其自然"——毕竟他花了32年时间才发布披头士乐队《顺其自然》的"裸版"混音。我敢打赌，到2046年，泰勒可能还会重新录制"Shake It Off"。泰勒始终不折不扣地做自己，那个张扬、任性、不可理喻且始终如一的自己。

她坚信她的情绪就是整个宇宙，而表达这些情绪就是宇宙存在的理由。对词曲创作者来说，这是伟大的信念，尽管对其他人而言可能值得怀疑，但无论她的心情如何，每一首歌她都会全情投入。她歌唱那些在浴室里混着睫毛膏流下的泪水，就像在进行一场史诗般的探索。她总是把事情做得太过，从来不会只体验一种情感，而是同时体验六种。我最喜欢她写在"This Love"（《这一份爱》）中的一句歌词："我心永恒，心甘情愿。"（I could go on and on, and I will.）是的，她心甘情愿。

很小的时候，泰勒就开始写歌讲述自己的生活，并在愿意倾听的人面前演唱。这里的"生活"并不是指歌词与她的实际经历完全对应，而是指一切都经过了她的感知过滤。她总是将自己定位为生活故事的见证者和写作者，将她最糟糕的经历转化为歌曲。她的创作方式让这些经历成为某种"公共财产"，以至于全世界把她当成一个故事角色来认识。她从未想过不这样做，也没有任何迹象表明她生命中的成年人曾建议她不要这么做。在她第一张专辑的内页笔记里，她写道："致所有让我心碎还觉得很酷的男孩。没想到吧？这里有 14 首关于你们的歌。哈哈！"

正如安迪·沃霍尔在 20 世纪 60 年代所说："如果有任何问题，我会把它拍成电影。自此之后，它就不再是问题了，它已是一部电影。"

在"泰勒宇宙"中，你首先会发现的一件事是：没有意外。她事先计划好了一切。她会在一首关于肯尼迪家族和新英格兰上流社会的歌"Starlight"（《璀璨星光》）中使用"marvelous"（了不起的）这个词，然后把它雪藏起来，等待合适的时机，直到多年后用在另一首同样关于新英格兰上流社会的歌曲"The Last Great American Dynasty"（《最后的美利坚盛世》）里。一根看不见的线连接着两个故事、两首歌、两个泰勒，只有最狂热的粉丝才能注意到。她会在两首相隔 8 年的歌里唱到孩童扮演海盗的情景。在"The Best Day"（《美好时光》）里，她和慈爱的妈妈还有其他家人在一起，而在 2020 年的"Seven"（《七》）里，她则和一个生活在悲惨家庭中的朋友在一起。那个朋友总是躲在衣柜里，试图避开愤怒的父亲，而泰勒希望她们能逃跑，成为海盗，她在这首歌中开始理解朋友的痛苦。她总是在下一盘谋划长远的棋。

泰勒一直关注历史，研究历史上伟大的词曲创作者，并学习他们的技巧。她关注乡村音乐、流行音乐、灵魂乐、摇滚乐、汽车城唱片、布里尔大厦、奶酪金属和新浪潮等风格，对冷门的音乐知识了如指掌。她 21 岁接受《滚石》杂志采访时说："乔恩·邦·乔维是 20 世纪 80 年代第一个经常微笑的摇滚歌手。这是我在一个叫《音乐幕后》的节目中学到的，那时我 9 岁。"

泰勒的歌里充满了这种线索，她在文学、历史和电影中漫游，与艾米莉·狄金森、琼尼·米切尔、Jay-Z、鲍勃·迪伦、史摩基·罗宾逊和莎士比亚共舞。她相信音乐的设计应该经得起推敲。她与诗人艾米莉·狄金森之间的联系尤其让我着迷。2024 年，有消息称斯威夫特和狄金森是亲戚——六世表亲，她俩相差三代。2022 年，她曾说："如果我的歌词听起来像是艾米莉·狄金森的曾祖母在缝制蕾丝窗帘时写的一封信，那么我就是在用羽毛笔创作。"她在"The Lakes"中展现了她对 19 世纪诗歌的迷恋，唱到华兹华斯和柯勒律治。无独有偶，在她为 *Midnights* 所撰写的笔记中，她以这样一句话结尾："点亮提灯继续寻觅……我们终将遇见自己。"（Keep the lanterns lit and go searching... We'll meet ourselves.）狄金森的粉丝用户 @emilyorchard 指出，这与狄金森 1855 年写给朋友的一封信中的内容暗合："我拿着提灯出去，寻找着我自己。"（I am out with lanterns, looking for myself.）[在同一封信的后面，狄金森写道："我的灾祸令我哑然失笑。"（I can't help laughing at my own catastrophe.）这听起来就像斯威夫特的歌词。]"阿默斯特的美人"（狄金森的别称）与斯威夫特都具有一种深夜般的感性特质，从狄金森的诗作《早安——午夜》("Good Morning—Midnight")到《梦——很好——但醒来更好》("Dreams—are well—but Waking's better"),再到《我们渐渐习惯黑暗》("We grow accustomed to the Dark")。这正是泰勒的思维方式:人们可以忘记过往继续前行,而我就留在这里。

这些年来,我和泰勒有过几次交集。我曾去她的公寓听她的新专辑,但她本人并未在场。不过,我更熟悉的是作为词曲创作者的泰勒,而非她的个人生活。我与她的音乐有着更深的联结。当我提到"泰勒"时,我指的是那个创造出这些音乐的泰勒,以及她在音乐中塑造出来的泰勒。这才是我真正认识的那个人。

我们交谈时,话题大多围绕音乐展开。她无疑是音乐领域里的"超级音乐宅"。有一次谈到披头士乐队时,她向我讲述了伦敦艺术家艾伦·奥尔德里奇的故事。这位艺术家在 1969 年为披头士乐队制作了《披头士歌词图解》一书,并被约翰·列侬任命为"披头士陛下的御用图像大师"。在关于披头士乐队的种种传说中,我从未听过这个默默无闻的名字。2016 年,泰勒在《时尚》杂志上同乔治·哈里森和埃里克·克拉普顿的缪斯帕蒂·博伊德进行了一场深度访谈,因为泰勒也曾从自己的缪斯那里汲取大量灵感。当我告诉她我觉得"Getaway Car"(《逃离之车》)是关于帕蒂、乔治和埃里克的三角恋时,她立即开始在自己的歌曲中寻找更多线索。从她的作品中,你可以清晰地感受到泰勒是世界上最大的音乐怪才,但她的怪才气质至今仍未被完全认可。我希望能通过这本书稍稍弥补这一点,为她的音乐天赋增添应得的光辉。

泰勒是那种即使面对烂笑话也会开怀大笑的人。可悲的是，这一点是我在 1989 巡演的后台亲身验证的。当时，美国奥林匹克女子足球队为她颁发了一件荣誉队服（号码自然是 13）。我脱口而出："你在新泽西（New Jersey）穿上了你的新球衣（new jersey）！"她付出了奥运会级别的努力才挤出一个礼貌又局促的微笑，这一刻让我永远感到羞愧。不过，我可以自豪地说，我见证了泰勒·斯威夫特违心的时刻。让人感动的是，她的演技真的很拙劣。

她的音乐生涯开始时，我就在为她的作品写评论，但她带给我的惊喜从未停止。我一直在《滚石》杂志上更新一张包含她全部歌曲的列表，对每首歌都进行排名和点评。第一次编这张列表时，1989 刚刚发布，彼时她有 112 首歌，这已经算是流行音乐史上最伟大的歌单之一了。但如今她的作品已经接近 300 首，在过去 10 年中增加了 1 倍多。我不断更新这个列表，并随着时间的推移调整歌曲的排名，但我总是偷偷地把"Fifteen"放在第 15 位。有两件事从未改变："All Too Well"始终是第一，"Bad Blood"（《敌意》）永远垫底。

2018 年，Reputation 巡演在亚利桑那州格伦代尔的开幕之夜，她在后台跟我说有个惊喜。"因为你，我把'All Too Well'加到了歌单里。"她说，"它在你的列表中排名第一。你让我重新思考这首歌，你让我相信它不仅仅是 Red 巡回演唱会中一首普通的歌。"大概是因为我没能管理好自己的表情，她看起来有点儿担心，问："我可以告诉你这件事吗？"那天晚上，她用原声吉他独奏了一版特别的"All Too Well"，这很罕见，而我有幸在场。千万别以为我有多大的影响力，因为她随即在接下来的演出中删掉了这首歌——那只是她的随机曲目。在整个巡演中，这首歌她只表演过几次。与此同时，"Bad Blood"则是每晚的保留曲目。别误会，她可不是那种会听取意见的人。

2010 年，我在《滚石》杂志上评论专辑 Speak Now（《爱的告白》）时写道："人们喜欢盯着泰勒·斯威夫特的年龄，好像在说'嗯，按她的年龄来看，她已经算不错了'。但这只会引出一个问题：那些比泰勒·斯威夫特年长、按理说应该做出更好的流行音乐的人都去哪儿了？事实上根本就没有吧。"我把她和莫里西①相提并论，后者是我青少年时期的偶像，是忧郁和戏剧感的化身。对我这样一个史密斯乐团的狂热粉丝来说，这就是最高的赞美了。泰勒和莫里西之间的联系耐人寻味，他唱"我们的身后光芒万丈"（The sun shines out of our behinds），而她唱"人们会攻击你，因为你的光芒"（People throw rocks at things that shine），但他们的歌词仿佛同根同源。我的这篇评论激起了读者的愤怒。其中一位不满的莫里西粉丝将泰勒斥为"青少年一时无知的产物"。对我来说，这句评论妙不可言——我

---

① 莫里西是史密斯乐团的成员之一。——编者注

一直在回味它的内涵。这个评价基于她的年龄和她的听众，概括了人们对她的预期，以及她在流行音乐阶级中"本该"屈居的位置。但这种偏见，以及背后的整个体系，正是她决心推翻的陈词滥调的一部分。

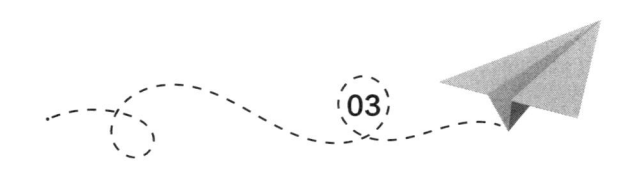

那位年轻、聒噪且
不擅长冷静的女艺术家
A Portrait of the Artist as a Young, Loud, and Not-Especially-Great-at-Calming-Down Woman

很多人并不是泰勒·斯威夫特的粉丝,姑且用"路人"这个集体名词来称呼他们。一些路人觉得她还可以,喜欢她的一两首歌;另一些则完全不这么看,很多人觉得她唱歌像是用长长的指甲刮更长的黑板。对他们来说,泰勒·斯威夫特的歌曲从未影响过他们的生活。事实上,这可能是明智的选择。我甚至有点儿羡慕他们,他们可以安然入睡,不用绞尽脑汁去想"'Tis the Damn Season"和"Treacherous"(《危险关系》)里的故事是不是发生在同一辆车上,或者"Dorothea"(《多萝西娅》)描述的是不是《米德尔马契》[①]里的女主角。

[①] 《米德尔马契》是英国作家乔治·艾略特的长篇小说。——编者注

唉，成为泰勒·斯威夫特的粉丝意味着无尽的痛苦与狂喜，这种体验与我以往的追星经历完全不同。为什么我会在这些歌曲中看到自己的内心被无情地揭露？一个 20 岁的女孩怎么可能写出"曾经我能感受你的呼吸，如今在你心中我已了无痕迹"（I feel you forget me like I used to feel you breathe）这样的歌词？为什么我 40 多岁的朋友会给我发短信说："我在去塔吉特百货的路上哭得稀里哗啦。她怎么能写出像'Happiness'（《快乐》）这样的歌？这首歌完美捕捉了中年女性离婚后的感受。她从来没结过婚，才 30 多岁，她是个女巫，虽然是个善良的女巫，但依旧是个女巫。"

我已经成为泰勒的粉丝很久了，但我完全搞不懂她。我苦苦琢磨她歌中的细节，还曾坐了 1 个小时的 Q 线地铁，只为了在科尼岛的日落时分听"Coney Island"（《科尼岛》）。["Cornelia Street"（《柯尼利亚大街》）更适合在科尼岛听，而"Coney Island"更适合在柯尼利亚大街听。] 我也曾想过，"Cardigan"里那个离去的父亲，是不是"Mine"（《我的》）里那个离开细心女儿的粗心男人？又或者，他是不是"Seven"里那个纠缠着女儿，萦绕在她痛苦童年中的父亲？*Folklore* 中那些让人心碎的父亲，简直像是一条贯穿整张专辑的剧情线。

每一位霉粉心中都珍藏着讲不完的故事。这些故事与那首改变了他们人生的歌有关，与那首只有他们能体会个中深意的歌有关，与那首陪伴他们度过 15 岁生日的歌有关。粉丝们对这些故事的热爱，丝毫不逊于他们对歌曲本身的热爱。有时我甚至在想，我们反复听这些歌曲，是不是因为我们渴望创造更多的故事。但事实更像是我们听这些歌曲，因为它们讲述着我们的故事。我们把心底的秘密倾诉给这些歌曲，它们则将这些秘密大声回馈给我们。我们带着疑问走向这些歌曲，就像泰勒问路灯："一切会好起来吗？"而路灯的回答正如多年前史蒂薇·妮克丝从天空之镜得到的答案一样："我不知道。"

泰勒的粉丝也喜欢争论。我们会争论歌词中的每一个细节，甚至可以就这些歌词到底是什么意思永远争论下去。尽管泰勒试图平息这些争论，比如明确告诉大家那是"一份前男友的长名单"（a long list of ex-lovers），而不是"星巴克男友"（Starbucks lovers），但我们仍然坚持用自己的方式听这些歌。对我来说，"New Romantics"（《新浪漫主义》）中的歌词肯定是"灯红酒绿"（the lights and boys are blinding），而不是"灯光和噪声"（lights and noise），尽管我无法证明这一点。她唱的是"像恶魔般微笑"（grinning like a devil），还是"漂亮的小恶魔"（pretty little devil）？是"我花了一辈子"（I spent forever），还是"我不停旋转"（I spin forever）？在"The Archer"（《弓箭手》）里，她唱得总像是"我有一百个甜甜圈和桃子"（I've got a hundred donuts and peaches）。如果你是20世纪90年代伟大的独立摇滚乐队Slint的粉丝，你可能会把"Bejeweled"（《珠光宝气》）听成"我想念你，但我想念的是蜘蛛乐园"（I miss you, but I miss Spiderland）。

泰勒之所以有这样的粉丝群，是因为她不善于平息争议。她真正擅长的是挑起新的争议。在她的整个职业生涯中，她一直在尝试不同的音乐类型和情感身份。她可能会把"旧泰勒"抛在脑后，但从未真正放弃任何一个版本的自己，她只是在不断收集"新泰勒"。乡村泰勒、哥特泰勒、流行绚丽泰勒，她将她们全部带在身边，这也是为什么听她的专辑时，常常感觉像是在偷听不同泰勒之间的争论。她们比自己愿意承认的还要更依赖他人。她们彼此嫉妒，也都有边界感的问题，没有一个擅长察言观色，但我对她们中的每一个都心怀感激。虽然她一直在经历"新泰勒"的蜕变，但（幸运的是）她一直保留着她的古怪气质。所有这些截然不同的泰勒听起来都是真实的她，因为她们都是那位复杂且真实的女性的一部分。正如她在 2022 年所说，她的音乐包括了"我的朋友、我最狂热的粉丝、我最严厉的批评者，以及所有曾经进入或离开我生命的人。因为，当谈到我的创作和我的生活时，他们是一样的。正如伟大的诺拉·埃夫龙曾经说过的，'一切都是素材'"。

有时候，泰勒会炫耀她的自我认知，以至于你会怀疑她是否真的了解自己。在"You're on Your Own, Kid"（《孩子，你得靠自己了》）里，她唱道："纵然刻骨铭心，我也强颜欢笑。"（I play it cool with the best of them.）对啊，对啊，这不就是那个在"Delicate"（《脆弱至极》）里吹嘘自己多么冷静、多么自信的泰勒吗，然后她还用胳膊肘戳你，问："是不是？是不是？"（Isn't it? Isn't it?）直到她确定你注意到了才满意。那首歌里有 26 个"是不是",不幸的是,我在每一个中都看到了自己的影子。有时候她试图表现得像一个普通的叙述者,但这只会让她听起来更像是沉浸在自己的世界里。(我在 1989 巡演的后台看到一张手写的纸条贴在门上:"猫在游荡。不要开门。"只有在"泰勒星球"上才会见到这样的场景。)和她在 "Hits Different"(《不同以往》)里精准描述的一样,她永远是那个喜欢争论、容易与人对立的、爱做梦的女孩。

当我在她的歌曲中看到自己的影子时,往往是看到了那些我拼命想要隐藏和压抑的部分。她的歌里那些会随时引爆的情绪触发点让我感到一种隐隐的威胁——那种始终游走在情感边缘的危险感。她喜欢危险的陡坡和鲁莽的道路,我却截然相反——在"粗心男人"与"细心女儿"的光谱上,我极度偏向后者。我不喜欢冲动、笨拙且无法挽回的脱口而出的言辞。我避免制造尴尬场面,也从来不关心"为了极致的体验,痛苦是否值得"这类问题。但如果你想在流行歌曲中找到一个安稳的结局,那泰勒的歌绝不会如你所愿。她并不擅长放手,也不擅长向前看。她从不只写一首歌,而是在写一首歌的时候,也为未来的另一首埋下伏笔。这就是为什么你可以听她的歌多年,然后突然被某一首你从未注意到的歌打个措手不及。多年来,我以为 "You Are In Love"(《坠入爱河》)只是一首可爱的小曲子。对我来说,它太梦幻了,可能不适合我的口味。但现在,合成器的前奏刚响起,她甚至还没开口,我就已经被彻底击中。整段人声都令人沉醉。她唱"sidewalks"(人行道)的方式,真是绝了。还有"shoulders"(肩膀)、"for once"(一次)、"downtown"(市中心)、"best friend"(挚友)这些词,每个音节都让我击节叹赏。

"Love Live"是她最激情澎湃的摇滚颂歌,相当于泰勒版本的《为奔而生》("Born to Run")、《凡夫俗子》("Common People")和《我们是冠军》("We Are the Champions")①。到了结尾,她话锋一转,整首歌的主题变成了让对方承诺永远陪在她身边。哦,泰勒,真是一团乱麻。这个可怜的家伙怎么可能履行这样的承诺呢?["孩子们,过来。这张照片是你们的泰勒阿姨。对,就是那个在你们'照片墙'(Instagram)上留言'希望你那边一切都好'的人。她每年都会寄来贺卡,上面写着:'你肯定有老婆孩子了吧。圣诞快乐。'嗯,就是她。她希望你好好长大。别告诉你妈妈我们聊了这个,好吗?你妈妈其实不怎么喜欢泰勒阿姨。"]她就不能把这个留到下一首歌再唱吗?

但泰勒从来无法把任何内容留到下一首歌。就像"Cardigan"里那句悄然出现在结尾的"像父亲一样离去"(leaving like a father),整首歌都快结束了,她突然丢出这句刺痛人心的歌词,然后继续唱。她让这首歌听起来像是倾尽全力,把所有的感情、所有的爱与恨都倾注于唯一的一首歌里,仿佛这首歌必须承载没机会讲述的所有故

---

① 这三首歌曲分别为美国歌手布鲁斯·斯普林斯汀、英国乐队 Pulp 和皇后乐队的代表作。——译者注

事。她似乎在说，这是我的第一首歌，也是我的最后一首歌。我不会为下一首歌保留任何东西。这就是一切。

和国民乐队的亚伦·德斯纳一起写这首歌的那天，她发了一张照片，配文是"眼下一切平平无奇"。我们为什么要相信她说的话呢？

04

早年时光：
请想象我在林间
Early Days:
Please Picture Me in the Trees

在时代巡演中，有一刻泰勒在后台换装。她的声音在场馆中响起，伴随着她歌词中的片段："我若在你心中美丽一如往昔，那么请记住我身着一袭长裙，凝望落日余晖的倩影。或者，你可以回到最开始的时候。"（If you wish to romanticize the woman I became, then say you'll remember me. Standing in a nice dress. Staring at the sunset. Or you could begin at the beginning.）

那么，让我们从头开始吧。1989 年 12 月 13 日，泰勒·斯威夫特出生于宾夕法尼亚州。当时的冠军单曲是比利·乔尔的《不是我们点燃的战火》("We Didn't Start the Fire")。泰勒在一个占地 15 英亩[①]的圣诞树农场中长大，家中有父亲斯科特、母亲安德烈娅、弟弟奥斯汀，以及 7 匹马。她的父母都从事金融行业：斯科特是一名投资银行家，后来担任美林证券的副总裁；安德烈娅则是一位市场营销高管，曾希望女儿能够延续他们的职业道路。"她希望我进入商界。"泰勒在接受《滚石》杂志采访时曾说。她父母也许是因为詹姆斯·泰勒而为她取的名字，同时也考虑到，一个中性的名字能让她在男性主导的商业世界中更具优势。"她给我取名叫泰勒，这样别人看到我的名片时，很难靠名字判断我是男是女。这可能会对我未来找工作有帮助。"泰勒回忆道。

她父母于 1988 年结婚，有趣的是，恰好在同一天蕾哈娜出生了。斯威夫特一家搬到了离费城大约一个小时车程的乡下，她父母希望孩子们能在乡村环境中长大。泰勒从小就喜欢马，她参加马术比赛，后来又迷上了戏剧。她在当地的戏剧学院里还扮演过一些重要角色，比如《音乐之声》中的玛丽亚、《油脂》中的桑迪、《告别偶像》中的金。每一次她都是主角。可以想象其他孩子（以及他们的父母）会怎么想，所以这个戏剧学院后来倒闭了，一点儿也不令人意外。

在她 6 岁生日时，泰勒收到了一份改变人生的礼物：利恩·莱

[①] 1 英亩 = 4 046.86 平方米。——编者注

姆斯的首张专辑《蓝》(Blue)。听到这张专辑的那一刻,泰勒找到了自己的使命。从此,她彻底迷上了乡村音乐。"我开始不停地听女性乡村艺术家的歌:费丝·希尔、仙妮亚·唐恩、迪克西小鸡乐队。"泰勒在 2007 年的一次采访中说道,"然后,她们的音乐把我带回了更早的时代,我开始听帕特西·克莱恩、洛丽塔·琳恩和塔米·威内特的歌。这些歌的叙事性极强,它们深深吸引了我。"

安德烈娅和斯科特并不是典型的"舞台父母",他们对娱乐圈一无所知,也不喜欢乡村音乐,更不会主动为女儿选择这条路,但他们能看到泰勒的热情和动力。于是,安德烈娅带着她前往纽约学习声乐,并参加百老汇试镜。通过一些关系,她在 2002 年 76 人队的一场季后赛上演唱了国歌,当时 Jay-Z 就在场边观看。他与她击掌后说了一句:"太棒了!"此外,泰勒还在美国网球公开赛上演唱了《美丽的美国》。泰勒积极参加各种才艺表演和卡拉 OK 比赛,甚至连续 18 个月每周去同一家酒吧的开放麦比赛,直到赢得冠军。而所谓的"比赛大奖"是在查利·丹尼尔斯的一场全天音乐节中做开场嘉宾——她的演出时间是上午 10:30。

这一切让她显得与同龄人格格不入。年长者觉得这个早熟的孩子魅力十足,年轻人却觉得她乏味无趣。在她的学校里,乡村音乐一点儿都不酷,弹钢琴和南方口音更被认为是"土气"的象征。泰勒回忆说,在中学时,她是个笑柄,因为她参加才艺表演、拿着蓝色奖带,甚至还住在圣诞树农场里。"我可能就是不够好,至少对同龄人来说不够好。"她在八年级的日记中写道,"或者,也许是我不够坏?"在校期间,泰勒结下了不少"敌人",应对敌意的能力也因此成了她终身的技能。有趣的是,当她发布首张专辑时,还拍了一部纪录片《世界上的某个地方》(*A Place in This World*),重点展示了她与高中朋友的亲密关系。这些朋友在镜头前与她一起唱歌,许多同学甚至在采访中谈论她有多受欢迎。然而,这种叙事几乎立刻就被泰勒自己打破了。

因此,这仍然是一个悬而未决的问题:泰勒在高中真的很内向吗?她只在那里读了一年。她真的经历过青少年时期的排斥和孤立吗?但这真的重要吗?毕竟布鲁斯·斯普林斯汀写《雷鸣之路》("Thunder Road")的时候甚至还不会开车;图派克上高中时并不是黑帮分子,而是跳芭蕾舞、参加戏剧表演的学生;布赖恩·威尔逊甚至不会冲浪。然而,泰勒总是将她高中弃儿般的日子神话化。她还在十几岁的时候就对《魅力》杂志说:"我记得每周一都会看到女孩们在厕所里哭泣,为她们周末聚会时的所作所为感到后悔。我从来不想成为那种女孩。"这话听起来有些讽刺,因为可以说,泰勒几乎发明了"在厕所里哭泣"这个概念——有室内管道设施以来,恐怕没有人比她在厕所里流过更多眼泪。无论这些故事是否真实发生在她身上,这个情感符号是她塑造的。她曾发誓不成为那种女孩,但最终成了那种女孩的象征与代言人。

她最好的朋友是阿比盖尔·安德森,也就是"Fifteen"里的女主角。(她们的友谊一直持续到现在,最近泰勒还在阿比盖尔的婚礼上担任伴娘。)阿比盖尔回忆道:"我们俩总是坐在教室后排,吐槽《罗密欧与朱丽叶》,因为我们当时还无法体会这种情感。"

11岁时,泰勒录制了一张唱片小样,伴着卡拉OK机演唱。她带着一点儿南方口音——这并不是她从小养成的,而是她为了模仿乡村歌手的风格刻意练成的。她努力模仿唱《旧情复燃》("Here You Come Again")的多莉·帕顿、唱《单程票》("One Way Ticket")的利恩·莱姆斯、唱《你有麻烦了》("There's Your Trouble")的迪克西小鸡乐队和唱《无可救药地爱上你》("Hopelessly Devoted to You")的奥利维娅·牛顿-约翰。她妈妈开车带她到纳什维尔,让她在"音乐之路"上兜风,把自己的唱片小样送到唱片公司。泰勒挨家挨户拜访了20家唱片公司,把她的唱片小样留在了20个前台上,听接待员礼貌地告诉她:"你是个勇敢的11岁女孩,但有点儿痴心妄想,甚至有点儿吓人。"安德烈娅从不陪她进去,她只负责把泰勒送到门口,然后在车里等她。这个女孩必须自己推销自己。每张唱片小样上,泰勒都写着:"请给我打电话!"

当没有人打来电话时,她意识到自己可能还不够努力。于是,泰勒开始学习弹吉他,她学的第一首歌是廉价把戏乐队的《但愿你需要我》("I Want You to Want Me")。几小时后,她就写了自己的第一首歌,并取名为"Lucky You"(《你真幸运》),泰勒唱道:"小小的镇上有个小小的姑娘,小小的内心承受能力超级强。"(There's a little girl in this little town, with a little too much heart to go around.)吉他赋予了她全新的力量感,她说:"这是我第一次感到,无论女孩们在班里怎么说我,我放学回家后都可以把它们写成歌,用我的方式回应。"

泰勒的小镇生活即将迎来巨变。在她13岁时,斯威夫特一家搬到了纳什维尔。她开始见一些人,展示自己的作品,很快就取得了进展。14岁时,她签下了人生中的第一个合同,与RCA(美国广播唱片公司)达成了发展协议。在纳什维尔,有人嘲笑她是"靠着有钱的父母买来音乐生涯的玩票富家女"。当她与RCA的合同到期时,公司提出再续签一年,泰勒却不想等。"我不想成年之后再成为乡村歌手。我想早点儿出道。"当时的她说,"流行歌手14岁就可以出道,乡村歌手却要等到29岁。"

她的歌"The Outside"(《局外人》)被美宝莲公司选中,收录在一张赠送给顾客的激光唱片《有态度的女生》(*Chicks with Attitude*)上,这算是她的一个重要突破。美宝莲还赞助了一场相关的巡演,主角是莉兹·费尔和羊毛衫乐队,而泰勒未被邀请。[真是遗憾,想象一下莉兹和泰勒合作演绎《离婚之歌》("Divorce Song")的场景该有多震撼。]泰勒还出现在时尚品牌阿伯克龙比与菲奇名为"后起之秀"的广告活动中,甚至登上了他们的名录。在那次广告照片拍摄中,她摆出一个滑稽的姿势——一只手擦着眼泪,另一只手抱着吉他。这张照片后来被刊登在《名利场》杂志上，与另外十几位"冉冉升起的新星"一同亮相。但泰勒的照片无疑是其中最搞笑的，其他人要么依偎着马，要么玩弄着头发，米歇尔·特拉亨伯格（《吸血鬼猎人巴菲》中的明星）则安坐在秋千上。现在再看那张照片，很难不笑出声。这显然不是她想要传递的形象，却是泰勒第一次出现在纸媒上的样子——一个典型的"伤心女孩"，一半泪水，一半吉他。

在著名的蓝鸟咖啡馆表演时，斯科特·鲍切塔第一次听到了泰勒的歌声。鲍切塔是纳什维尔的一名公关从业者，当时刚刚创立了大机器唱片公司。这个名字听起来既不像玩笑，也不够严肃，其灵感来自丝绒左轮乐队的一张专辑。泰勒的父亲投资了这家公司，占有 3% 的股份。这标志着泰勒第一次加入了一个团队，或者至少是一个没人会往她头上扔篮球的团队。"斯科特·鲍切塔，谢谢你从我 14 岁时起就相信我。"她在 Fearless 专辑的致谢词中写道，"还试图把我的头发拉直。"她还补充道："你就是我的家人。"

唱片公司在制作人的选择上有一些想法，而泰勒有自己的选择，那个人就是她在录制样歌时认识的内森·查普曼。查普曼并不是知名制作人，甚至从未制作过一张完整的专辑，更别提热门专辑了。他刚刚从大学毕业，经验其实并不比泰勒多多少，但她坚持了自己的选择。2006 年 10 月，她的第一张专辑 Taylor Swift 发行。专辑中的歌曲"Cold as You"（《冰冷如你》）暗含着"是时候放手了"的信息，这并非她最后一次送给自己这样的建议。

　　各位可以想象一下,这个 15 岁的女孩在音乐行业中努力打拼,大多数人认为她最多也就出一张专辑。但实际上,她早已开始构想她未来想成为的模样。面对恐惧望而却步?泰勒根本不会有这种问题。

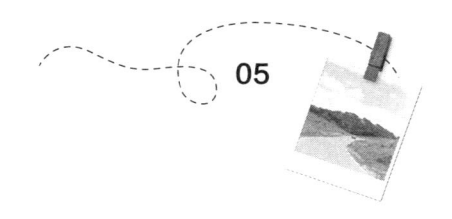

第五首歌：《刻骨铭心》的叙事诗
Track Five:
The Ballad of "All Too Well"

13.

  2012 年 10 月，泰勒·斯威夫特发布了她最伟大的作品"All Too Well"。这是一首充满力量的摇滚情歌，也是专辑 *Red* 的灵魂所在。歌曲以一段娓娓道来的钢琴独白开场，逐渐积蓄力量，直至她最震撼、最热烈的声线如雷鸣般爆发。故事从一条遗失的围巾开始——这条围巾被遗忘在她前男友姐姐的家中，这个微不足道的细节被泰勒放大为一场令人心碎的情感史诗。"All Too Well"中出现了 6 次情感上的攀升，最终归于平静……接着，她撕碎了自己的作品，重新开始这首歌。如果你只有 5 分钟时间来说服陪审团，让他们承认泰勒是有史以来最伟大的歌手、词曲创作者、痛苦的诗人、倾诉者、段子手，以及会在副歌部分呐喊得撕心裂肺的人，那就播放这首歌。

"All Too Well"一直不是热门单曲，甚至连单曲都不是。它绝对不是那种电台会播放的歌，而是一部深刻的作品，被她最忠实的粉丝珍视。自 Red 巡演之后，这首歌很多年没有出现在泰勒的现场演出中。它只属于那些铁杆粉丝，是一份秘密传递的承诺，也是一句不言自明的誓言。如果"All Too Well"就是你最钟爱的那首歌，这意味着你已经进入她的核心圈子，可能再也无法回头。你无法摆脱它，因为你记得它的每一个细节。

2021 年 11 月，泰勒发布了"All Too Well（10 Minute Version）"[《刻骨铭心（10 分钟版）》]，并将其收录于她重新录制的 Red (Taylor's Version) [《红（泰勒版本）》] 中。这一次，她将这首歌延长，赋予它更强烈的情感张力，并加入了曾在草稿中被删减的歌词。令人意想不到的是，这个版本不仅成为热门单曲，还登上了排行榜的榜首，成为公告牌历史上首支时长 10 分钟的冠军单曲。它不再是某些人的秘密，而属于全世界。"All Too Well"的奇特旅程成了我最喜欢的音乐故事之一，也许它也是泰勒自己最喜欢的故事之一。

12.

泰勒专辑的第五首歌总是带有一种神秘感。在她的每一张专辑里，第五首歌都堪称一场情感的"浴血奋战"。"All Too Well"无疑是最著名的第五首歌，但她每一张专辑里的第五首歌都不曾让人失望。*Folklore* 中的"My Tears Ricochet"，*Fearless* 中的"White Horse"，*Reputation*（《名誉》）中的"Delicate"，*Lover*（《恋人》）中的"The Archer"，*Evermore* 中的"Tolerate It"（《容忍》），*Speak Now* 中的"Dear John"（《分手信》），还有 *The Tortured Poets Department* 中的"So Long, London"（《再见，伦敦》），以及 *Midnights* 中的"You're on Your Own, Kid"。［甚至在她的首张专辑中，第五首歌"Cold as You"也完全符合第五首歌的情感深度，但 *1989* 中的"All You Had to Do Was Stay"（《不要离开》）则更像是第九首歌的感觉。］

11.

Red 发行以来，我对"All Too Well"的痴迷愈演愈烈。我一遍又一遍地听这首歌，为它写文章，甚至在卡拉 OK 里唱它——它一直陪伴着我。当泰勒首次宣布将发布备受期待的 10 分钟版时，我希望它为我最喜欢的歌曲增添一段精彩的注脚。但如今，它已不仅仅是注脚，它就是那首歌。在时代巡演中，这首歌每晚都震撼全场。它也打破了《美国派》（"American Pie"）保持的纪录，成为历史上时长最长的冠军单曲。（已经结案了，那条围巾没有被归还。）然而，这首歌的诞生，本身就是因为粉丝们不相信她提到的原始草稿真的存在——大家反复追问，好像她真的把这稿子藏在了装袜子的抽屉

里一样。也许她不止一次希望自己当初没提起过这件事，但所有的讨论最终让她不得不重新审视这个她以为已经完结的故事。想象一下，那些被抛弃的歌词尘封多年，只为等待它们的高光时刻到来。

随后，泰勒亲自执导了这首歌的 MV（音乐短片）。在纽约的一家剧院，我有幸看到她在几百位粉丝面前首映这部短片，还用原声吉他独奏演唱了新版"All Too Well"。在介绍环节，她简单地说了几句，感谢粉丝们让这首歌从遗忘中重获新生。"唱片公司当时没选它做单曲，但它是我的最爱。"泰勒说，"这首歌对我来说非常私密，所以公开演唱它一度很难。但现在，它完全是关于我们的，是一首为你们而写的歌。"

"All Too Well"的每个版本都讲述着不同的故事。5 分钟的原版至今依然充满力量，10 分钟的史诗版散发着愤怒的回忆，在长池录音室由亚伦·德斯纳钢琴伴奏的"秋天的悲伤女孩版"（"Sad Girl Autumn Version"）充满静谧的哀愁，她的原声吉他独奏展现出亲密关系的脆弱，时代巡演上的体育场大合唱则带来集体情感的宣泄。然而，无论是哪个版本，这首歌始终完全属于她，因为这从来都不是一首关于某个男孩的歌——从未是过。这首歌始终是关于一个女孩的，关于她的钢琴、她的记忆，以及她拒绝放弃的那些最痛苦的秘密，即使忘记它们可能会让她活得更轻松一些。

10.

"我确实写了很多关于少女时代的歌。"泰勒在 2022 年的翠贝卡电影节上说道,"我一直对从少女蜕变为年轻女性的这个阶段非常着迷,这是一段非常脆弱而敏感的时期。我认为 19 岁和 20 岁对年轻女性来说是非常重要的阶段。"当她 33 岁时再回望"All Too Well",她看到的正是这个故事。"我觉得在 19 或 20 岁时,内心特别容易受伤,自我意识也很容易消失,而这又是一个极具塑造性的阶段。我想讲述这个故事,关于少女时期的伤口如何逐渐结痂,变为成年时期的疤痕。"

9.

2014 年 2 月的一个阴沉灰暗的周六下午,我独自在布鲁克林的大雪中行走,心情低落,感到无比沮丧。我关心的人深陷困境,越陷越深。我想要伸出援手,结果却让事情变得更糟。我不停地在 iPod 上循环播放"All Too Well"和"Dear John",它们是为数不多的、与我的情绪完美契合的歌——稚拙、沉重、充满冬日的忧郁。这两首歌中的痛苦仿佛有着沉重的质感,它们在每一段歌词间徘徊,承载着过重的负担,以至于步履蹒跚,难以前行。但到结尾时,这两首歌都迎来了某种解脱:记忆的负担令她精疲力竭,而她最终决定不再背负它们。在"Dear John"的最后一句歌词里,她从"我早该知道"(I should have known)转变为"你早该知道"(YOU should have known）。在"All Too Well"中,她从"我记得一切"(I remember it all) 变成了"你记得一切"(YOU remember it all)。她的声音中带着女性主义的愤怒,她回忆起某种创伤,不确定是否会被相信,甚至不知道是否会被认真对待。但后来的她坚定地看向年轻时的自己,坚持那些情感都是真实的,那些经历确实发生过。

这一切让我想起青春期的记忆,那时我听着麦当娜在收音机里唱《以生见证》("Live to Tell")。那也是一首漫长而忧郁的流行抒情歌,仿佛为悲伤的冬日量身打造,也是关于一个年轻女孩和一个她本该忘却的秘密。这两首歌表面上听起来都闪亮而明快,当你在车站或比萨店听到它们时,你会想:"这些人真的听懂了吗?他们注意到了吗?"泰勒确实是麦当娜真正的继承者:无论她在歌曲中表达何种情绪,她都能让流行音乐听起来悦耳动听,与听众建立深刻的联结。即使是在夏天,这些歌听起来也同样合适。但今天,它们属于这大雪深处,属于冰冷与孤独的时刻。

8.

从"All Too Well"发布之初,泰勒就乐于分享它背后的创作故事。"虽然这听起来有点儿奇怪……写完它后,我对自己说:'我要铭记这个时刻。'"多年后,她在接受《滚石》杂志采访时说,"这把吉他已经被我创造的旋律赋予了魔力!"

这首歌的灵感源于一次彩排。当时,她随意弹着吉他,开始即兴创作，内容围绕她最近的几次分手展开。正如她回忆的那样："我的乐队也加入了，我的情绪倾泻而出。"为了保住这个灵感，她立刻打电话给好友兼词曲创作搭档莉兹·罗丝，说："快过来，我们必须把这个完成。"泰勒花了很长时间才将这首歌打磨至完美。罗丝是她的创作导师，也是一位在纳什维尔经验丰富的词曲创作老将。在泰勒刚刚入行时，罗丝为她指点迷津，并在她早期的专辑中发挥了关键作用。"我基本上就是她的编辑。"罗丝在 2008 年接受采访时说，"她会写下学校里发生的事情，她总是很清楚自己想要表达什么，而且她总能带来令人难以置信的副歌。"在与泰勒合作之前，罗丝最大的成就是加里·艾伦的热门歌曲《雨的旋律》("Songs About Rain")和蒂姆·麦格劳专辑中的一首歌。显然，她与泰勒的相遇是命运的安排。

在早期谈及"All Too Well"时，泰勒总是重复讲述同一个创作故事，有时甚至逐字复述。这似乎是一种掩饰，因为描述这首歌的创作过程比讨论它的实际内容要容易得多。当一位昵称为"TheLuckyOne1313"的粉丝在《早安美国》节目中问起时，泰勒回答："'All Too Well'是最难写的一首歌。它最初有 10 分钟长，但你不能把 10 分钟的歌放进一张专辑里。所以我不得不将它缩减为一个能在歌中呈现的故事。"

关于 10 分钟版的传闻始终让人心痒难耐。它在哪里？我们什么时候能听到完整版？她是不是在骗我们？泰勒在 2022 年坦言："我宣传了这么多专辑，举办了这么多巡演，努力试图从专辑 *Red* 中走出来。可是每次和你们交流，不管是直播、问答，还是见面会，总是有人问"All Too Well"的 10 分钟版什么时候发布，你们就是不依不饶。"

7.

"All Too Well"的短片以智利诗人巴勃罗·聂鲁达的一段引言开篇。泰勒曾在 2012 年专辑 *Red* 的序言中引用过这句诗。"有一首聂鲁达的诗作一直让我着迷，我第一次读到它时，里面有一句话深深地印在我心里。它写道：'爱情如此短暂，遗忘如此漫长。'在我最悲伤的时刻，我对这句话感同身受，因为我需要知道，有人经历过和我完全相同的痛苦。"

6.

这首歌当年没能成为热门歌曲，反而增添了它的神秘感，让这首歌成为一件被埋藏的宝藏。这种"太泰勒了"的特质不适合黄金时段，却因此显得格外珍贵。2013 年，她在格莱美颁奖典礼上坐在钢琴前，独自演唱了这首歌。她在舞台上尽情甩动长发，尽显摇滚明星的风范。这种炫酷的"发型表演"，你通常能在圣殿之犬乐队或多莉·艾莫丝的演出中看到。然而，对于泰勒的表演，这却是一次不太寻常的选择。面对全球最大规模的电视观众，她挑选了一首几乎没人熟悉的歌曲，而不是专辑 Red 中那些好评如潮的热门单曲。这显然不合常理，却令人印象深刻。

5.

关于 10 分钟版的传说持续发酵，直到泰勒不得不把它写出来。可以说，这首歌早已主导了一切，而她不过是在顺从它的意志。2021 年 11 月，在专辑 Red（Taylor's Version）中，她发布了 10 分钟版的"All Too Well"，增加了一些关于这个男人扔掉他的钥匙链、见到她父亲以及她 21 岁生日派对的内容。当男朋友未能在午夜现身时，她父亲试图安慰她。这是泰勒第一次在歌词中引用父亲的话，他对她说："21 岁本该是开心的。"当她哭泣时，旁人问她发生了什么事。["是你！是你让我变成这样的！"（You! That's what happened! You!）] 在 10 分钟版中，泰勒将她成年后的愤怒打磨得更加锋利，回顾了与年长男人的权力互动，并直接点明了年龄差距的不平等。她讽刺地唱道："某天我会老去，而你的情人们却依旧年轻。"（I'll get older, but your lovers stay my age.）

在 2012 年的"The Moment I Knew"（《醒悟时刻》）中，泰勒首次提到那年生日，而几年后，她在专辑 Evermore 的"Happiness"里再次回忆"我在午夜穿的那条裙子"（the dress I wore at midnight）。（巧合的是，"Happiness"发行的时间正是她 31 岁生日前夕——那年生日派对之后整整 10 年。）在"The Moment I Knew"的结尾，那个男孩打电话向她道歉，她回应："我也很抱歉。"而后，她意识到自己居然道歉了。那就是她醒悟的时刻。当然，这不是她最后一次为男人的过错道歉，然后过了很多年仍然在纠结为什么。

4.

在"泰勒宇宙"中，任何一条丢失的围巾都像一颗定时炸弹，可能会在多年后的一首歌中被引爆。过去的任何碎片都无法被真正尘封，无论是雪花球、雪地车，还是雪景或沙滩。她是一名永不封存悬案的执着的侦探。

正如另一位伟大的青年诗人史蒂文·帕特里克·莫里西所说的："冰箱里的那盏灯，永远不会熄灭。"

3.

2021 年 11 月，在专辑 *Red（Taylor's Version）* 发布当天，泰勒在纽约首映她的 15 分钟短片。这场活动在上西区的一家十三厅影院举行，门口分发着印有"All Too Well"的口袋纸巾。（这些纸巾不是摆设，而是真的派上了用场——我清楚地听到了观众抽泣的声音。）现场观众情绪高涨，既欢乐又投入。当萨迪·辛克蜷缩在床上时，大家痛苦地倒吸一口凉气；当迪伦·奥布赖恩出现时，甚至有人起哄。坐在我旁边的是一位从北卡罗来纳州飞来的霉粉——一个特别喜欢"Mirrorball"（《迪斯科灯球》）的女孩，她激动地喊着："去死吧，杰克！"当短片中的红色打字机特写镜头出现时，现场爆发出一片欢呼声。

8个月后，我在截然不同的氛围中再次在大银幕上观看了这部短片。这次是在翠贝卡电影节上，泰勒难得公开亮相。那一年，她几乎完全淡出公众视野。与首映时狂热的氛围相比，这里的观众显得冷静许多，他们中的许多人并不了解她，也并不特别在意。他们是为了电影节而来，观众群体年龄偏大且以男性为主，但很多人身边都有一位霉粉亲友陪同。[当电影节导演介绍她时，提到自己"很高兴"（"enchanted"）邀请到泰勒，你可以轻松分辨出谁是她的粉丝。]走进影院时，检票员对我说："希望您玩得开心。"（Have a marvelous time.）我想，那天在场的每个人都成了荣誉霉粉。然而，这是我第一次看到她上台时只收到象征性、礼貌性的掌声。她显然意识到自己身处一个陌生的领域，于是急切地想要打动这些观众。看到她努力赢得人心的样子，这是多么超现实主义的场景啊！

在问答环节，她切换到了"影迷模式"（泰勒版），与独立导演迈克·米尔斯展开对话。一开场，她便说道："我很喜欢约翰·卡萨维兹的一句话：'我从没见过爆炸的直升机。我从没见过有人去把另一个人的头轰掉。所以我为什么要拍那样的电影？但我确实看到过人们以最不起眼的方式摧毁自己。'哇——我简直感同身受。"

她谈到聂鲁达的引言时，称这句话是"一句至今萦绕心头的深刻箴言。读到这样有力量的句子，真的让人心生震撼"。聂鲁达，这位伟大的智利诗人，曾是他那个时代的全球传奇，但恐怕连他自己也未曾料到，有朝一日会有青少年因看到他的名字而尖叫不已。我正巧坐在我的偶像之一——伟大的导演吉姆·贾木许旁边。他告诉我，自己从未听过泰勒的歌，但被她自嘲时的幽默彻底逗笑了。当米尔斯称赞她的叙事才华时，他说道："你真的很擅长……"没等他说完，泰勒立刻插话："做戏？"引得全场笑声不断。整个问答环节，米尔斯都在详细询问她的创作过程，而泰勒这次的回答是我听过她最"书呆子气"的一次采访。这场活动最令人意外的消息是"All Too Well"结尾的灵感来源。泰勒透露，这一灵感来自 1937 年金·维多执导的经典好莱坞电影《慈母心》(*Stella Dallas*)，以及女主角芭芭拉·斯坦尼克的表演。在"All Too Well"的短片结尾，那位前男友站在寒风中，戴着她的旧围巾，这一幕其实是借鉴了《慈母心》最后一幕：斯坦尼克透过窗户，遥望着已经与她疏远了的女儿的婚礼。女儿嫁入了纽约的上流社会，斯坦尼克却未被邀请，只能站在人行道上窥探。这就是"All Too Well"的结尾，不过据我所知，似乎没人注意到这个彩蛋。

在 30 岁出头时，我成了芭芭拉·斯坦尼克的忠实粉丝。深夜，我经常一个人窝在沙发上看她的电影，为她那种优雅中透着隐忍的痛苦流泪。泰勒·斯威夫特也是她的粉丝，这一点儿也不令人意外。没有人像斯坦尼克那样拥有如此无与伦比的银幕存在感。《淑女伊芙》(*The Lady Eve*) 就像她的"Cowboy Like Me"(《我这样的牛仔》），一个痴迷于骗局的行骗高手，注定无法爱上他的行骗目标；《四十支枪》（*Forty Guns*）则仿佛是她的"The Last Great American Dynasty"，一个臭名昭著的富有女人的故事。而我最爱的是1946年的肥皂剧《惆怅奈何天》（*My Reputation*），尽管这部剧集并不算大热。影片中最精彩的一幕是，身为年轻的战争寡妇，她因与一个男人的纠葛而成为小镇的耻辱。环顾自己的客厅，它曾经是一个受人尊敬的家庭的象征，如今却成了流言蜚语中的"罪恶巢穴"，她叹息道："放纵的女人真是一团糟。"

2.

史蒂薇·妮克丝曾丢过一件天鹅绒外套，你知道吗？这是20世纪70年代经典的摇滚故事。在1978年那个"史蒂薇狂热"的夏天，卡梅伦·克罗为《滚石》杂志写了一篇新闻报道。这可不是普通的外套，而是一件她的"幸运外套"，她每次唱《山体滑坡》（"Landslide"）都会穿的那件古董黑色天鹅绒外套。她在洛杉矶（不然还能是哪）的一场沃伦·泽冯的演出中弄丢了它（说真的，不然还能是哪）。据《滚石》杂志报道："妮克丝几乎已对找回它不抱希望。面对即将到来的弗利特伍德·马克乐队的巡演，她悲伤地说：'这件外套对我来说是无可替代的。它对我比对偷走它的任何人都更重要。'如能提供任何信息，我将不胜感激。"报道中还附了热线电话。照片里，她身穿黑色丧服，头戴寡妇面纱，悲伤而决绝。

我乐于想象，这件外套依然静静地躺在某个伟大的摇滚宇宙的失物招领箱里，和泰勒的那条围巾紧挨在一起。那些在摇滚乐中迷失的女孩珍藏着她们的圣物和记忆，别人永远都不会真正明白其中的意义。

1.

泰勒总是不时回到"All Too Well"的钢琴和弦中，尤其是在讲述像"Cornelia Street"或"Champagne Problems"（《香槟烦恼》）这样充满悲伤的故事时。在这些歌曲中，她常常凝望未来，试图揣测年长的自己会如何看待当下的困境。然而，即使这些歌已然完成，她的故事仍在继续。"All Too Well"也在持续演变、延展，逐渐超越了她最初的想象。这首歌在无数人的传唱中焕发新生，不断蜕变，最终成为全新的存在。或许从一开始，这首歌就注定是一部杰作。但只有当她将一切撕裂再重建时，它才得以真正成为一部杰作。

06

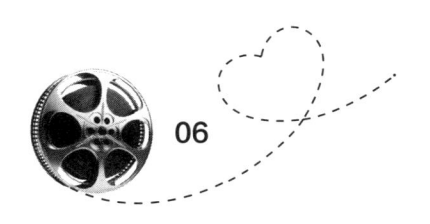

我们一起长大
The Fangirl

　　流行音乐的一个永恒法则是：但凡有点儿酷的事情，背后总有青少年女孩的存在。众所周知，青少年女孩是最难被愚弄的粉丝。她们从不撒谎，也没有必要伪装。这正是音乐圈里的人对她们怀有一种敬畏之心的原因。其他人或许可以被哄骗、被忽悠，甚至被想当然地对待，但青少年女孩不会。历史上，太多流行明星因为对她们三心二意，试图迎合更"体面"的成年观众而失败。历史一再证明，女孩们的惩罚来得迅速且无情。如果你背弃她们去取悦别人，最终的结果往往是谁也讨好不了。朋友遍地，却没有真正的朋友；试图脚踏两条船，最后两头落空。

泰勒·斯威夫特始终知道她的"唯一"是谁。她从一开始就是青少年女孩的代言人，直接唱歌给自己的同龄人听。即便后来征服了全世界，她依然没有失去这些女孩，因为她始终把她们放在首位——即便她们如今已三四十岁，甚至50岁。泰勒爱那些热爱音乐的女孩，她改变了世界，让她们拥有了自己的位置。

菲比·布里杰斯就是一个典型的例子。作为当年的青少年粉丝，如今的音乐才女，她曾说："我怀揣着澎湃的情感，渴望将它们化作歌曲。但歌曲大都由大人创作，讲述的是成人的世界。所以，当我开始写歌时，只能编故事，写得一塌糊涂。我知道这一点，幻想着有朝一日，我的生活会值得被书写，我也会写出真正有意义的歌。"

这种幻想在她听到泰勒的音乐后改变了。布里杰斯回忆道，自己和妈妈一起听乡村音乐电台时，"我听到一个比我大不了多少的女孩，唱着她自己写的、关于她生活的歌，而且这些歌写得非常好。随着我慢慢长大，泰勒也在成长，她的音乐也在进步。渐渐地，我的歌不再那么糟糕，因为我不再努力让自己听起来有趣，而是开始讲述真相。而泰勒，她一直在讲述真相"。世界因此而变得不同。布里杰斯说："我很感激能够在一个有泰勒·斯威夫特的世界，或者说一个'泰勒版的世界'中成长。"

"女人成就了娱乐圈，"史摩基·罗宾逊在1979年接受《滚石》杂志采访时说，"男人会为这个行业做出贡献，但真正让娱乐圈运转起来的是女人。男人可以整晚坐着，面无表情地看流行爵士歌手南希·威尔逊的表演，但女人想尖叫的时候，她们就会尖叫。"在披头士乐队刚刚走红的时候，保罗·麦卡特尼就意识到了这个秘密。他在1987年告诉披头士学者马克·刘易森："那时我们十八九岁，而我们的观众是17岁的女孩。我们非常清楚自己的创作就是面向这个群体的。我们知道，如果写一首叫'谢谢你，女孩'的歌，许多给我们写粉丝信件的女孩会把这当作一次真诚的感谢。"

泰勒与她的女性粉丝之间的联系则更为深刻，她不仅是她们的偶像，更是她们中的一员，与她们共同成长。这一切的起点是一个简单的问题："利恩，你收到我的信了吗？"

8岁时，泰勒看了她的第一个偶像利恩·莱姆斯的现场表演。刚出道的时候，她回忆道："我站在第一排，举着一个巨大的横幅，上面写着'我爱你，利恩'，就像个小跟踪狂。前一天晚上，我把写给她的信、一包自己画的画、照片，还有其他东西，一并送到了她的酒店房间。"这真是太"泰勒"了。她接着说："小时候，我有一头金色卷发，比现在浓密得多，所以她在人群中认出了我，而且她真的花时间看了我的信和那些小物件。"演出结束后，泰勒终于凑上前去。"当她走到观众中和大家握手时，她低下头，我问她：'利恩，你收到我的信了吗？'她回答：'当然收到了，泰勒。'"

利恩·莱姆斯亲手缔造了一个"怪物"——一个比她自己还擅长做她所做之事的人。对泰勒来说，那是一次深刻的启蒙。"那一刻，一切都豁然开朗了。"泰勒回忆道。利恩记住泰勒名字的那一瞬间，对今天我们生活的世界产生了深远的影响。这一刻让泰勒理解了作为流行歌手应该如何与观众互动，也提升了公众对这一行为的期待。如今，这种"超乎寻常的亲近感"已经成为新生代流行歌手的必修课。这一切都要归功于利恩·莱姆斯。

泰勒与粉丝交流的耐力从一开始就超乎常人，她从中汲取力量并茁壮成长。在新冠疫情前的巡演中，她每场演出前都会花上数小时参加粉丝见面会，演出结束后还会继续见面、签名、合影数小时。她和粉丝的互动方式更像政治候选人，而不是普通歌手。一位资深政治记者曾告诉我，唯一拥有这种独特魅力的人是比尔·克林顿。泰勒点燃了观众的热情，因为她被观众激励着，也因为她本质上就是他们中的一员。

2013 年，在纳什维尔，泰勒对我的侄女们格外亲切，尽管她完全不知道她们是谁，也不知道她们是怎么来到这里的。她们从亚特兰大驱车赶来，只为见证最后一场 *Red* 巡演。五个十几岁的女孩和她们的两位妈妈一起，脸上涂满红色闪光粉，穿着自制的 T 恤，上面写着"没有 HER（她）就拼不出 HERO（英雄）"。在后台的一个角落里，她们冻得瑟瑟发抖，只希望能有机会见到泰勒。直到她们认出了泰勒的乐队成员，才打破了僵局。女孩们记得乐队成员的名字，还能说出他们在哪些歌曲中演奏，这让她们瞬间成了人群中的焦点。泰勒的贝斯手对我姐姐说："我们从没遇到过这样的粉丝。"随着时间推移，红色闪光粉逐渐在她们脸上晕开变成黏稠的污渍，女孩们泣不成声（妈妈们提醒道"哭可以，但别尖叫"）。安德烈娅·斯威夫特特别照顾她们，还安排她们坐到了前排。斯科特·斯威夫特则送给她们吉他拨片作为纪念。

当泰勒前往舞台准备演唱"State of Grace"（《恩宠之境》）时，她看到了这五个陌生的泪眼汪汪的小女孩。老实说，这时候她本应该远离这些脸庞湿漉漉的、一脸黏糊糊的红色闪光粉的小粉丝，她的演出服已经穿好，根本没有时间再换。但她还是停下脚步，给了她们每人一个拥抱。我的小侄女只有 8 岁，泣不成声地对她说："我从 3 岁起就开始听你的歌了！"

泰勒说："那我猜我们就是一起长大的了，宝贝。"

然后她转身，被带上台阶，走向舞台，迎接家乡观众的欢呼。奇迹般地，她身上的白衬衫竟然没有沾上任何闪光粉污渍。这句话只是场面话吗？我反复询问过许多人，但似乎并不是这样。[多年后，她在纪录片《美国甜心小姐》（*Miss Americana*）中也说过同样的话。] 那场演出结束后，侄女们在午夜时分给我打来电话。她们正在一家餐厅里吃早餐，但因为哭得太厉害，几乎说不出话。坦白说，我比她们更震惊。这个故事里有太多让我无法理解的细节：她的工作人员在想什么？她自己又在想什么？这或许是泰勒留下的诸多谜团之一，但它无疑展现了她与粉丝之间那种独特又神秘的纽带。

《无所畏惧》
Fearless

我第一次听到专辑 *Fearless* 是在电话里。唱片公司极度担忧唱片内容泄露,甚至拒绝当面播放这张专辑,仿佛我会带着窃听设备似的。我对这张专辑本就抱有很高的期待,但没想到它竟如此出色。"我的天啊,"我心想,"这简直是有史以来最完美的流行唱片之一,一部经典之作。"当时,我坚信她永远无法超越它。然而,她下一张专辑就超越了它,之后的每一张都超越了它,而且超越了太多次,以至于 *Fearless* 的光芒一度被掩盖。但在"泰勒版本"的系列中,她给了这张专辑至高的荣誉——最先重新录制的正是它。

Fearless 向世人展示了我们所认识的泰勒·斯威夫特——它奠定了她作为明星的形象,虽然这也是她此后反复试图反抗的形象。正是在这张专辑里,她搭建了一个独特的世界,充满了她最钟爱的意

象：汽车、窗户、小石子、连衣裙、雨（而且是倾盆大雨）、相册、泪水、门廊……这张专辑是泰勒个性的缩影——一个总是沉溺于爱河、被男孩折磨不休的青少年乡村歌手。她把一段仅持续一周的高中恋情演绎得如同帕特西·克莱恩的婚姻般刻骨铭心。她是那个精心涂上睫毛膏却准备把妆哭花的女孩，是那个穿着最漂亮的裙子准备去狂风暴雨中兜风的女孩。她喜欢制造戏剧性场面。在"Forever & Always"（《天长地久》）里，当她唱到"你的卧室里阴雨连绵"（It rains in your bedroom）时，便创造了一个经典的泰勒式困境。

这张专辑中所有的歌曲要么由她独立创作，要么与人合作完成，在当时，这对乡村歌手或青少年流行歌手来说都极为罕见。*Fearless*沿用了老派的 A/B 面划分法，而她已经表现出过人的规划能力，聪明地将热门歌曲集中在专辑开头。*Fearless* 以六首强劲的曲目开场："Fearless"、"Fifteen"、"Love Story"、"Hey Stephen"（《嗨，斯蒂芬》）、"White Horse"和"You Belong with Me"（《你属于我》）。她将催泪的钢琴曲安排在 B 面，展现了对专辑节奏的绝佳掌控。"Hey Stephen"则像一杯清爽的果子露，在一连串浓烈的曲目中起到调和作用。尽管这首歌相较其他歌曲更容易被忽视，但它巧妙地致敬了女子组合的传统，采用了罗尼特组合那首《做我的宝贝》（"Be My Baby"）的节奏。这首歌中也首次出现了"泰勒笑着讲自己的笑话"的经典场景，她轻声笑着，唱道："其他女孩都很漂亮，但她们会像我一样为你写歌吗？"（All those other girls, well, they are beautiful / But would they write a song for you？）"Love Story"则是泰勒版的《罗密欧与朱丽叶》，与16世纪90年代的原版相比，这首歌创造了更强的流行趋势。

专辑 Fearless 赋予了泰勒一个鲜明的形象——那个会把前男友写进歌里的女孩。几年后，在金球奖的红毯上展现了一个经典瞬间：她与瑞安·西克雷斯特聊天时，对方放出了她在电台节目中调侃某位前男友的片段，她笑了笑，并未显得尴尬，坦然说道："是的，我18岁的时候确实有点儿多嘴。"没错，泰勒，这种"多嘴"正是这些歌诞生的原因。值得一提的是，乔·乔纳斯是她当时最有名的前任之一，他们的分手也提供了最具戏剧性的趣闻：他在一通仅持续29秒的电话中与泰勒分手。随后，乔在乔纳斯兄弟的专辑《批评，指教，努力做到》（Lines, Vines, and Trying Times）中回应："我已经厌倦了超级明星和她吉他上的泪水。"但正如乔也一定意识到的那样，这些歌根本不是关于男孩的，而是关于女孩的。泰勒对"女孩"这一主题的执着超越了历史上任何一位流行歌手。她写的关于女孩的歌曲比任何人都多，甚至超过了保罗·麦卡特尼。而且，像保罗一样，她对男性角色几乎没有兴趣。在泰勒的歌曲中，男孩往往只是女孩自我发现和自我反思的镜子。他就是一张空白的画布，等待她在那里书写自己的名字。专辑 Fearless 中充满了这样鲜活的女孩，而泰勒用一生来塑造她们。

"Fearless"永远是我最喜欢的作品之一，那吉他声如火焰般燃烧。一个感到瞩目、感到安全、感到自由的女孩在钻石般璀璨的星空下起舞，一只手肆意地挥舞着，即便她的观众只有那个男孩和雨水。这是一首经典的、关于汽车和女孩的摇滚颂歌，甚至比当时许多正统摇滚明星的作品还要酷。它被精雕细琢到近乎完美，却听起来像是完全的自然流露。"这并非我的常态。"她在歌里这样唱着，但这恰恰就是她的常态。她就是这条道路上最耀眼的光芒。

Fearless 既不是她首张专辑的延续，也不是对既定作品的改良。就她的年龄而言，她尚未展现出令人印象深刻的潜力或特质。然而，即使只是通过电话听这张专辑，我也能感受到这一切正真实地发生着。

人人都爱心机，人人都耍酷
Everybody Loves Petty, Everybody Loves Cool

　　让我们聊聊"心机泰勒"吧。她是个极具魅力的存在，令人又爱又恨。有些人鄙视她，甚至对她感到畏惧，还有一些胆小鬼干脆否认"心机泰勒"的存在。他们自己开心就好。对某些乐评人来说，泰勒在处心积虑地贬低她的前任们；另一些人则乐于谈论她与名人之间的纠葛、她压倒性的强势，或者她介于"坚守立场"和"大吵大闹"之间的那些所谓原则性的冲突。

　　归根结底，这些不过是小小的算计。我们真正钟情的，是如同微积分般复杂的"心机泰勒"。

　　正如泰勒在 2022 年翠贝卡电影节上所说："人们很难想象，我会多么不厌其烦地去证明一个观点。"

2014年10月,约翰·克里斯出现在英国热门脱口秀节目《格雷厄姆·诺顿秀》上。这位来自英国喜剧团体巨蟒剧团的喜剧天才本打算畅聊自己辉煌的职业生涯,却似乎对与另一位女嘉宾的互动缺乏准备。这位嘉宾就是美国歌手泰勒·斯威夫特。两人的组合看起来有些奇特,但节目本身应该还能顺利进行,毕竟主持人巧妙地找到了一个共同点:他们都是"猫奴"。他们看着彼此猫咪的照片,开着玩笑,相互调侃。泰勒称克里斯的猫是"怪物",引发了一阵笑声,气氛似乎轻松愉快。

　　接着,克里斯解释自己更喜欢猫而不是狗。"我喜欢猫,"他说,"因为它们难以捉摸,有点儿固执,就像女人!对吧?"他显然期待泰勒会随口附和,礼貌地一笑了之。

　　但从泰勒的表情中,你能看到她的大脑在高速运转:"眼前是一位喜剧界的传奇人物,年过八旬,他开了个老派的玩笑,是不是该笑一下?礼貌一点儿吧,这可是英国。"与此同时,你也能察觉到她在同步思考:"女孩们在看呢,她们会注意到我的反应,会看看我是不是就这样敷衍地笑了过去。"最后,泰勒微微皱起眉头(不是厌恶地皱眉,而是略带刻意地皱了皱眉),然后带着居高临下的微笑说:"噢,我们可不想那样。"

　　这句话瞬间引发了夸张的笑声。克里斯笑得格外大声,诺顿也加入了,气氛一下子变得轻松,他们看起来像是如释重负。随后画面一转,切到了广告。

　　这场对话在接下来的几个小时内迅速走红,随后又悄然销声匿迹，但它在我心里留下了深刻的印象。谁会费心去和约翰·克里斯较劲呢？巨蟒剧团的其他成员宁愿解散，也不愿与他争论。（迈克尔·佩林可能会这么说："我们见过男人们宁愿撞墙，也不愿面对克里斯。"）还有什么比这更徒劳的吗？

我想，也许正是这种徒劳让我着迷。有那么一刻，她似乎真的试图说服自己别那么"泰勒·斯威夫特"，但效果并不好。

泰勒一直是彻头彻尾的控制狂，关注每一个细节，同时用迷人的微笑掩盖这一切，除非她懒得去演。她面对引战就像吃糖果一样容易上钩。频频失误几乎成了她的独门绝技。她会公开抱怨那些没人想听的委屈，即便她的抱怨完全可以理解；她会输掉那些本可以靠无视不战而胜的争论；她会对那些没人注意的嘲讽做出激烈反击；她甚至会把无关紧要的小事炒成头条新闻，而事实上，只要她关掉手机，那点儿事分分钟就会平息。2010 年，为了回击音乐记者鲍勃·莱夫塞茨的一篇负面评论，她直接写了一首歌，名叫"Mean"。但坦白说，如果泰勒对这篇评论置之不理，也许看到它的人不过十几位。

2015 年，妮琪·米娜因《巨蟒》（"Anaconda"）未获 VMA[①] 提名而不满，在推特上发文暗指 MTV 偏爱"身材纤瘦的女性"。泰勒误以为这话是在攻击自己，发了一条本不必发的回复："挑拨女性之间的关系，这可不像你啊。"随之而来的是几个小时的网络尴尬，直到她冷静

---

① VMA 是 MTV（音乐电视网）音乐录像带大奖。——编者注

下来，发出一条明智的道歉："我理解错了，误会了你的意思，还说了错话。对不起，妮琪。"这一道歉收获了好评并化解了局面。几周后的 VMA 颁奖典礼上，没人预料到两人会同台表演"Bad Blood"，让许多不看颁奖典礼的观众也为之震惊。迅速且干净利落地解决冲突，这种处理方式让双方都赚足了好感分。当然，她俩也不会总这么干的。

在 2010 年后的几年里，泰勒和凯蒂·佩里交恶，因为泰勒说凯蒂想"挖"走她的伴舞。"这是工作上的事，"泰勒说，"她试图抢我的人。"这标志着一个新文化时代的到来：流行女歌手之间的争执不再是希拉里·达夫和林赛·罗韩为了亚伦·卡特而争风吃醋，而是围绕员工和资源展开。但冲突仍让人唏嘘，因为两人曾是亲密的朋友。2008 年，泰勒还公开表示："凯蒂·佩里魅力十足，我第一次听到《忽冷忽热》（'Hot N Cold'）时就爱上了它。"然而，当她们的关系恶化时，双方都表现得极其糟糕。她们各自写了一些带着火药味的单曲，包括"Bad Blood"和《嗖嗖》("Swish Swish")，影射对方。不过，2019 年她们在"You Need to Calm Down"的 MV 中握手言和。凯蒂不仅出席了泰勒的时代巡演，还在社交媒体上发布了自己随着"Bad Blood"的节奏摇摆的视频。

2022 年上半年，泰勒几乎保持沉默，直到戴蒙·奥尔本在采访中暗示泰勒的歌曲并非她本人创作。这彻底激怒了泰勒，她绝不容忍这种质疑。她迅速回击："在这之前，我可是你的超级粉丝。你可以不喜欢我的歌，但质疑我的创作就太过分了。哇哦！"奥尔本随即礼貌回应："我完全同意你的说法。"

泰勒的某些敌人一开始其实是她的朋友。2021年5月，泰勒与当时的乐坛新人奥利维娅·罗德里戈是令人羡慕的亲密组合。当时，奥利维娅正准备发行她广受好评的首张专辑《酸》（*Sour*）。她曾多次提到泰勒是她的偶像，这在她那首略带伤感的热门歌曲《驾驶证》（"Drivers License"）中也有所体现。奥利维娅在推特上发文称："能在美国iTunes排行榜上和泰勒挨在一起，这让我泪流满面！"泰勒随即回复："不愧是我的宝贝，我很骄傲。"5月中旬，两人在现实中首次见面，贴脸拍下了一张亲密的合照。泰勒还送给奥利维娅一枚戒指，和她创作专辑*Red*时戴过的戒指一模一样。"她绝对是世界上最善良的人，"奥利维娅激动地表示，"她说创作专辑*Red*时戴过一枚这样的戒指，所以送我一枚一模一样的。"人们都喜欢"泰丽维娅"的组合，这段友情看似牢不可破。

然而，不久后，事情开始变得微妙。奥利维娅寄了一张亲笔签名的专辑给金·卡戴珊，并附上了一张便条："我就是喜欢你，给你和你的家人送上满满的爱。"卡戴珊在5月28日（周五）将这张便条晒在社交媒体上，对奥利维娅表示支持。而从"戴上戒指"到"法庭上见"，"泰丽维娅"的友谊仿佛一夜之间崩塌，没有任何解释。全世界都在猜测这段友谊终结的原因，却只能靠揣测填补空白。有趣的是，在奥利维娅的下一张专辑中，一首歌的歌词写道："我每周都会梦见那个5月的周五/你的一个电话改变了我的整个世界。"当

《滚石》杂志直接问奥利维娅是否与泰勒不和时,她淡然回应:"我和任何人都没有不和。推特上有很多关于我的阴谋论,但我只看关于外星人的阴谋论。"

在 2024 年 2 月的格莱美颁奖典礼上,当奥利维娅演唱《吸血鬼》("Vampire")时,泰勒起身舞动,这让人们对"泰丽维娅"再度和好心生期待。不久后,泰勒的新专辑中出现了几首歌,含蓄地讽刺了金·卡戴珊,甚至还有一首歌提到了外星人绑架。

2023 年,泰勒创作了一首关于"因果报应"这一古老概念的热门歌曲,其中嘲笑了所有敌人生活不如意的现状。不过,这首歌对"因果报应"的理解显然不是《薄伽梵歌》里的那种深刻哲学。她在接受《时代》杂志采访时解释道,因果报应的意思是:"垃圾总会自食其果,没有一次例外。"当然,泰勒总是愿意给"垃圾"一些额外的推力。她常常在战斗已经结束后仍纠缠不休,对八卦、谣言、荒唐的直觉以及复杂的理论推波助澜。她不擅长假装谦逊,更无法做到冷静自若。

我母亲常说:"不是每次别人邀请你争论,你都要去参与。"显然,泰勒并不如此行事(说实话,我母亲也做不到)。她从不等待邀请——她会直接闯进房间,并始终相信自己的出现会让整个空间熠熠生辉。然而,有时地板太过光滑,导致她摔倒时发出的那声"砰"格外响亮。在"This Is Why We Can't Have Nice Things"(《为何我们无法和睦相处》)中,这种跌跌撞撞的能量表现得淋漓尽致。泰勒在歌曲中唱出那句"嗯……"后，毫不掩饰地补了一句："问题就出在这里。"(Therein lies the issue.) 天啊，我简直爱死了她这种"问题就出在这里"的坦率。她的音乐里永远充满了这种无处不在的、敢于说出"在这里"的能量。

2020 年，泰勒在"Invisible String"（《无形之线》）里，带着几分轻松与自嘲，回望那个曾经为了羞辱前任而写歌的"心机泰勒"。她唱道："我磨刀霍霍，冷酷无情／为了那些伤透我心的男孩／而现在我给他们的孩子买礼物。"(Cold was the steel of my axe to grind / For the boys who broke my heart / Now I send their babies presents.) 就在乔·乔纳斯和他的妻子索菲·特纳迎来第一个孩子的那周，泰勒发布了这首歌，并为他们的孩子送上了一份礼物——成熟而体面。然而，不到一年后，她却发布了"Mr. Perfectly Fine"（《完美先生》），这首从 *Fearless* 时期挖掘出的旧作，讽刺了乔在 2008 年伤她心的经历。对此，索菲·特纳还在照片墙上发布了一个跳舞的视频，同时调侃道："这歌的确不错。"

2023 年，索菲和乔宣布离婚，并透露他们已经秘密分居六个月。令人意外的是，就在几周前，索菲还去看了乔纳斯兄弟的演唱会，甚至戴着一条"Mr. Perfectly Fine"的友谊手链。在纽约的离婚诉讼期间，索菲还搬进了泰勒的公寓。只能说，我们每个人心中都或多或少有点儿"在这里"的精神。

09

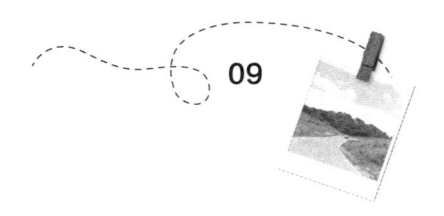

写在她手臂上的歌词
The Songs on Her Arms

泰勒经常带着写在手臂上的歌词上台。她站在两万人的舞台上，左臂上用马克笔写着"我走在孤独的路上，一路漂泊"（I am on a lonely road and I am traveling, traveling, traveling），或是"我们从三分钟的唱片中学到的，比在学校学到的还多"（We learned more from a three-minute record than we ever learned in school），还有"我是个做梦的人，而你只是个梦"（I am just a dreamer, but you are just a dream）等歌词。她深知，有一小群忠诚的粉丝会特别留意这些文字，记录下来，并分享其对应的歌曲、艺术家和歌词背后的意义。这些歌词分别出自琼尼·米切尔、布鲁斯·斯普林斯汀和尼尔·扬。

在 2011—2012 年 *Speak Now* 巡演中，每场演出都有这些特别的歌词。有时，她会选择赛琳娜·戈麦斯、卡萝尔·金或妮琪·米娜的歌词；有时，她会根据演出所在城市选择更具本地特色的句子。在佛罗里达，她引用汤姆·佩蒂的歌词"在那绝望的一刻，他又悄然潜回她的记忆"（For one desperate moment there, he crept back in her memory）；在费城，她写下埃尔顿·约翰的"因为我活在这费城的自由里"（Cause I live and breathe this Philadelphia freedom）；在洛杉矶，她为布赖恩·威尔逊写道"别担心，宝贝，一切都会好起来的"（Don't worry baby, everything will turn out all right）；在俄克拉何马城，她引用了烈焰红唇乐队的歌词；而在得州，则选择了唐·亨利的作品。她的选择范围相当广，包括乡村音乐明星，如马丁娜·麦克布赖德、迪克西小鸡乐队、肯尼·切斯尼，也有流行与摇滚歌手，如蕾哈娜、绿日乐队、尼娜·西蒙娜、枪炮与玫瑰乐队，甚至还包括山形瑞秋、美女破车乐队和帕拉摩尔乐队。

泰勒也会选择刚出道的创作者或小众偶像的歌词，希望为他们吸引新的粉丝群体。至少有一个例子——马特·内桑森，他后来抱怨泰勒在"All Too Well"中借用了他的歌词"我忘记了你，久到连为何要放下都已记不清"（I forget about you long enough to forget why I needed to）。有一说一，这句写得不错。内桑森还说："她之前绝对是我的粉丝……但现在她偷了我的歌词。"这话显得有些强势。或许内桑森忽略了音乐传播的方式——"粉丝"和"小偷"往往是同一个人。音乐就像诗歌一样，通过被人们"窃取"而延续生命，无论是在倾听时，还是在创作时；当没人再"窃取"这些音乐时，它们便注定消亡。窃取，在某种意义上，也是爱的一种形式。

这些写在手臂上的歌词犹如一种涂鸦，也许大多数观众不会注意到它们，但它们赋予了每场演出独特的个性。泰勒在自己的皮肤上书写音乐的历史，将自己的情感毫无遮掩地展示在衣袖或裸露的臂膀上。这是一种粉丝对偶像的致敬方式，体现了她作为粉丝本身的纯粹快乐。这也表明她与粉丝们在流行音乐的广阔版图中找到了共同的归属感——他们都是这个世界的一部分。在那次巡演中，我注意到她在胳膊上写下了自己的歌词"愿这些回忆护我们于坠落之时"（May these memories break our fall），这句歌词出自"Long Live"。

在巡演中，琼尼·米切尔的歌词一再出现在她的手臂上："但我的心为你哭泣，加利福尼亚"（But my heart cried out for you, California）、"我回忆起的是爱的幻象：我根本不懂什么是爱"（It's love's illusions I recall: I really don't know love at all）、"我们爱我们的爱情，但不及我们爱我们的自由"（We love our lovin', but not like we love our freedom）、"所有浪漫主义者终将遭遇同样的命运"（All romantics meet the same fate somehow），虽然原歌词其实是"某天"（someday），出自《我上次见到理查德的时候》（"The Last Time I Saw Richard"）。琼尼·米切尔对泰勒的音乐产生了深远的影响。2014年，泰勒对《滚石》杂志表示："只要喝几杯酒，我就会为琼尼·米切尔哭泣。朋友们都知道，一旦我开始哭，就差不多是时候该上床睡觉了。"

泰勒在她的日记中提到，米切尔1971年的经典专辑《蓝》对她创作 Red 有着重要影响。这些记录于2019年作为《恋人日记》(Lover Dairies)①的一部分出版。"我一直在思考变老以及被人遗忘的事，想象着我所有的偶像是如何孤独终老的，"她写道，"在从悉尼飞往珀斯的飞机上，我用当天买的阿巴拉契亚扬琴写了一首歌。我买它是因为琼尼在《蓝》的大部分曲目中都弹过这种琴。我还自学了《你的缩影》（'A Case of You'）。"（米切尔在欧洲旅行时创作了《蓝》，那时阿巴拉契亚扬琴比吉他更便于携带。）泰勒继续写道："我写了一首叫'Nothing New'（《了无新意》）的歌，表达对老去、事物变化和失去一切的恐惧。"曾有传言说泰勒可能会在一部传记片中饰演琼尼，而琼尼本人对此公开表达过不满。"我否定了那个想法，"琼尼在接受《星期日泰晤士报》采访时表示，"我告诉制片人：'你只是找了一个有着高颧骨的女孩。'"

在澳大利亚巡演中，泰勒演唱了几首琼尼·米切尔的歌曲，并在那里创作了"The Lucky One"（《幸运儿》）。这首歌常被解读为对米切尔的致敬，描绘了一位好莱坞明星选择退出聚光灯的生活，隐退到自己的花园中——"你带着金钱和尊严全身而退"（You took your

---

① 在专辑 Lover 的特别版中有四本小册子，包含复印版的泰勒日记。——译者注

money and your dignity and got the hell out)。但这并不是米切尔的真实故事，即使在初期的名声逐渐消退之后，米切尔依然坚持创作音乐，甚至在经历几乎致命的脑动脉瘤后重返舞台。她并未在意所谓的"尊严"，20世纪80年代时还与比利·伊多尔合作合唱。退出从来不是她的选择。但泰勒从琼尼的故事中"窃取"了自己需要的元素，并将它们重新融入自己的叙事。

我越来越能理解泰勒作为一个粉丝的感受，或许这才是我与她之间最深的共鸣。我也算是个浪漫主义者，痴迷、感性，相信真爱、情书、汽水，以及所有那些看似老套却依旧打动人心的东西。听到门"砰"的一声关上，我像是听到了某种旋律，总是习惯性地将这些细节编织进自己的故事。而我与她最重要的联系，或许正是作为音乐爱好者的共鸣。她从周围的一切中汲取灵感，聆听万物，同时在其中寻找自己。她可能对收音机播放的歌曲寄予了过多期待，或者试图尝试那些不属于自己的音乐风格，只为了寻找一种归属感。这正是她的起点。乡村音乐并非她与生俱来的"天命"。那时，她离最近的佐治亚州明星也有数百英里[①]。乡村音乐只是她在宾州郊区偶然听到的一种旋律，后来却成为她灵魂的一部分。她将"追星"升华为一种艺术形式，这就是她创作这些歌曲的根源。作为"粉丝"的泰勒，才是最真实的泰勒，一切都源于此。

---

① 1英里≈1.609千米。——编者注

10

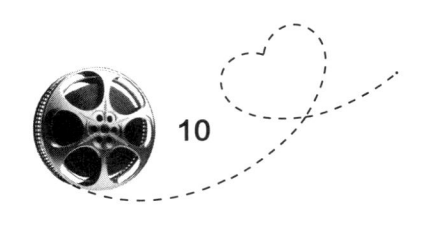

《着迷》
"Enchanted"

"Enchanted"中有几个瞬间我特别喜欢。其中最好的歌词之一出现在副歌结尾,她唱道:"有些话我留在了心底,只因我离去得太匆忙。"(These are the words I held back, as I was leaving too soon.)

"有些话我留在了心底",这句歌词实在让我着迷。试想,泰勒在她的人生中真的会有所保留吗?如果知道自己曾被泰勒"留住",那些"话"恐怕也会震惊不已。可就在10秒后,因为有太多话想说、太多旋律涌现、太多创意迸发,她又加上了一个桥段。

Speak Now 是泰勒星光正盛时的作品。在 *Fearless* 大获成功之后,她已经有足够的影响力来独自完成所有歌曲的创作。她也真的做到

了——这是她第一次也是最后一次完全独立创作一整张专辑。她依然与内森·查普曼合作，这位制作人通常会参与决定音乐的方方面面，有时甚至会制作出让人不堪回首的作品。这一次完全不同。在我看来，*Speak Now* 是她"隐秘进阶"的一张专辑：它风格古怪，不少歌曲长达五六分钟，结构复杂，情感跌宕。*Speak Now* 也定义了"泰勒·斯威夫特式的桥段"。每首歌的桥段都像一座金门大桥般铺展开去，仿佛要吞噬整首歌曲，让人不禁担心她能否从中脱身，直到她轻松地跳回主旋律，漂亮地收尾。*Speak Now* 甚至让桥段成为粉丝狂热追捧的对象。

这张专辑有着其独特的声音，之后她再也没回到这种风格。在 *Speak Now* 中，她向世界证明了自己可以独自完成整张专辑，而且她不仅做到了，还远远超越了前两张作品。她终于觉得自己无须再次证明这一点。*Speak Now* 刻意保留了那些未经删减的部分，因为身边没有人对她说："你已经表达得够清楚了，可以翻篇了。"于是她随心所欲地在歌曲中漫游，这种纯粹的随性在她之后的作品中再未出现。

"Enchanted"拥有独特的音效，以迷幻流行的氛围营造出一种如梦似幻的迷恋情感。直到"Snow on the Beach"（《雪落海滩》）发布后，她才再次尝试这种音效风格。然而，"Enchanted"不仅是一首歌，它甚至催生了两款泰勒·斯威夫特的香水——魔法奇缘（Wonderstruck）和意乱情迷（Enchanted）。这首歌展示了她如何与自己的情感独处，沉浸在感情的旋涡中，仿佛外界的一切都与她无关。歌曲讲述了她在派对上邂逅了一位迷人的男士，随后整夜辗转反侧，猜想他是否已有女友，并沉醉于自己营造的浪漫遐想中。对她来说，这仿佛是人生中最美好的夜晚，尽管没有任何迹象表明她和这位"心上人"真的能愉快相处。这首歌生动地描绘了情窦初开的青少年在小房间中独自起舞的场景：墙壁狭窄，天花板低矮，她踮着脚步小心翼翼地跳着舞，避免吵醒走廊尽头的父母。情感在四壁间回荡，随着旋律的延展，逐渐变得越来越清晰，仿佛这将成为一种铭刻一生的回忆、一种长久的痛楚。她唱着"我会不停地旋转"（"I'll spin forever"），和"Mirrorball"中的女孩不同，那个女孩注定要在空中摇摆不定，几乎从未被舞会上的人注意到。"Enchanted"在歌曲本该结束时，却采用了我最喜欢的歌手王子的经典技巧：用叠唱的方式将情感推向高潮，直抵歌曲的核心。

2018 年 7 月，新泽西的 *Reputation* 巡演前，泰勒问我："'Enchanted' 还是'The Lucky One'？"她知道我会选哪一首，但她的提问让我的心中升起一丝不安，仿佛节目单正在提醒观众，接下来将迎来一场惊天动地的演出。那天下午，天气时晴时雨，而她的演唱仿佛真的引来了暴风雨。当她唱到"Enchanted"尾声那句"请不要爱上别人"（Please don't be in love with someone else）时，乌云裂开，滂沱大雨倾泻而下。我不禁想，这场雨难道不是她的杰作吗？

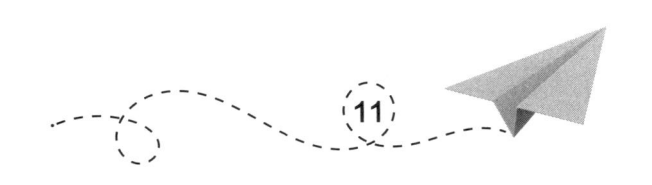

她手上每一道琴弦刻下的伤痕
Every Guitar-String Scar on Her Hand

泰勒从 12 岁开始弹吉他，目标明确：学习创作歌曲。尽管她早就有一把原声吉他了，但她从来没弹过。她从未尝试过弹奏自己喜欢的乡村歌曲，那些她在试唱带里唱过的歌也不例外。后来她决定去上课，因为她知道吉他是创作歌曲的有力工具，而且凭着她一贯的计划性，她觉得创作能力会帮助她获得一份唱片合约。吉他意味着独立。"我可以走进任何一个房间，演奏自己的乐器，"她说，"我可以演唱自己创作的歌曲，这样我就不用依赖任何人了。"吉他将她变成了一名艺术家，一个值得倾听的女孩。

她开始跟一个当地的老师学吉他，当然，是位男老师。"我的吉他老师真是个浑蛋,"她在 2007 年与 DJ(音乐主持人)赫布·苏金的访谈中提到,"我问他:'六弦吉他和十二弦吉他有什么区别?'他回答说:'我根本不需要回答这种问题,因为你没法弹奏十二弦吉他。'他还说:'你的年纪太小,手指还没发育完全,根本不可能做到。'"第二天,泰勒为自己挑选了一把十二弦吉他,并在圣诞节那天收到了它。"我每天都弹,直到手指流血。一开始真的很难,但后来我意识到,只要我专注于一件事情,就能够克服困难。也许我的手指不够长,也许它们发育得不够好,但我还是弹了下来。"她讲到这里,发出了恶作剧般的笑声,带着一种胜利的快意:"哈哈哈,浑蛋的吉他老师!"

她被十二弦吉他吸引,部分是因为它更具挑战性,但更重要的原因是有一个男人对她说"不"。"这就是原因,"泰勒说,"我非常好胜,也特别固执。如果你告诉我做不到,那我偏要做到。"

泰勒飞快地成为吉他世界中最瞩目的存在。从杰克·怀特到约翰·迈耶再到李尔·韦恩,乐坛从来不缺吉他手。但她是个女孩。她把自己的视觉形象和吉他紧密地连在一起,常常挥舞着镶满水钻的 GS6 吉他。20 世纪 90 年代"女孩与吉他"的黄金时代之后,还没有哪位女性吉他弹奏者像泰勒这样引人注目。她的粉丝开始对吉他产生兴趣,或许他们也能学着弹她的歌,甚至写自己的歌。她掀起了一场"六弦琴革命"——这和所有对流行音乐的预测相悖,没人想到当时最引人注目的现象竟然来自一位吉他手。

2017年,《华盛顿邮报》刊登了一篇引人注目的文章,标题是《电吉他的死亡》。吉他制造商吉普森和芬达都深陷债务危机,乐器零售商吉他中心的债务更是高达16亿美元。纳什维尔的一位大经销商哀叹:"我们需要的是'吉他英雄'。"但文章结尾出现了一个耐人寻味的转折:"从2010年开始,这个行业迎来了一个长发金属时代无法想象的里程碑——原声吉他的销量超过了电吉他。"

然而,行业巨头并未将"斯威夫特效应"视为积极信号。对他们来说,她恰恰证明吉他已走向穷途末路。他们还没想好是否应该欢迎这些新一代的吉他手。亚利桑那州的一位音乐教师注意到,他的培训学校已经发生变化:之前只有十几个女孩学吉他,突然之间,人数增加到从前的10倍,女孩的数量也远远超过了男孩。芬达的首席执行官安迪·穆尼称泰勒为"近年来最具影响力的吉他手"。但这并不是赞美,对他来说,这是他的噩梦——泰勒的影响力意味着游戏真的要结束了。"我不觉得那些喜欢泰勒的年轻女孩会说'她弹G大调琶音的方式真是令我印象深刻',"穆尼告诉《邮报》,"她们喜欢的是她的外表,她们想要模仿她。"

不过,这些对电吉他的悼词被证明过于仓促:新冠疫情期间,吉他销量猛增。如今,没人再担心吉他已经死去,但也没人能忽视女孩们弹吉他的事实了。

为什么泰勒如此热爱她的吉他?吉他是她始终如一的陪伴者。在拍摄照片时,她时而自豪地抱着它,时而温柔地护住它。从

"Teardrops on My Guitar"（《泪洒吉他》）到"Lover"（《恋人》），无数次地，她在歌里唱到吉他。在"Lover"中，她甚至用"我手上每一道琴弦刻下的伤痕"（with every guitar-string scar on my hand）发誓。吉他是她选择的象征创作独立的标志，传达出一种老派的真诚和真实。在一个流行音乐界很少把年轻女孩视为独立个体的时代，她不是某位制作人的傀儡，也不是 TRL[1] 榜单上按脚本表演的偶像。她掌控着自己的叙事，通过演奏实时讲述着自己的成长故事——用指尖弹奏命运，用歌词诉说人生。然而，吉他也是她的盾牌。她出现在布兰妮时代之后，那是一个流行女歌手被无休止地性化和物化的年代，露脐装几乎成了标准形象，吉他则是一道隔开镜头凝视的屏障。早在 2008 年，她就告诉《滚石》杂志："我喜欢拥抱别人，但有时会遇到趁机揩油的人。若拥抱超过 10 秒，就太过分了。"吉他成了她对自己的一种保护。

同时，吉他也赋予她舞台上的自由，让她成为一个在舞台上奔跑的、活力四射的女孩。2008 年，她与威豹乐队合作了一场精彩的 CMT[2] 特别节目，用一首出色的《倒些糖在我身上》（"Pour Some Sugar on Me"）成功地打入了金属音乐爱好者的市场。（泰勒的母亲和许多 X 世代的父母一样，热爱威豹乐队。）这是一次双赢的合作，

---

[1] 全称为 Total Request Live，美国 MTV 频道的音乐视频节目。——译者注
[2] 全称为 Country Music Television，一家美国电视频道，1983 年作为乡村音乐电视台开播。——译者注

也让她赢得了 X 世代家长的支持。泰勒回忆说："我非常羞怯又礼貌地问乔·埃利奥特能否唱《歇斯底里》（"Hysteria"）中的一句，他回答我：'宝贝，我已经唱了 25 年了，你想怎么唱就怎么唱吧。'"［13 年后，她将这个旋律融入了"Evermore"（《永恒故事》）里。］如果她像瓦妮莎·卡尔顿、诺拉·琼斯、菲奥娜·阿普尔或艾丽西亚·凯斯那样以"钢琴女孩"的形象出道，也许她会显得更成熟、更沉稳。然而，如果没有吉他，我们或许就无法想象她的崛起。一位为新时代量身定制的新型吉他英雄，就这样诞生了。

《弓箭手》
"The Archer"

对我来说，Lover 是一张悲伤的专辑。它在一个夏末发布，那时我刚刚得知母亲的病情无法好转，很快她就要离我而去。就是在这样的情境中，我与泰勒·斯威夫特最暖心的专辑相遇了。它那种搞怪的幽默感让我振作起来——"London Boy"（《伦敦男孩》）听起来比我想象中的愉快许多。然而，那些悲伤的歌曲却毫不掩饰真相。[是的，我一直没能把"Soon You'll Get Better"（《很快会好》）加入播放列表。或许某天我会再试一次，也许不会。]

许多纽约人都有一座"哭泣公园"和一列"哭泣列车"，用来把那些崩溃的时刻藏起来，不用担心碰见熟人。在理想情况下，你能乘坐哭泣列车直达哭泣公园，但是城市生活很少有这么方便的时候。你可以坐在公园的长椅上，在户外尽情地哭泣，哪怕哭得很难看。或许你会引人注目，但那又何妨？路人震惊的表情正是为此而存在的。（我的一个朋友有一个完美的哭泣地点：联合广场百思买的唱片售卖区，那里总是空无一人。）但有时候你需要找一个新的公园，比如当公园变得太过拥挤时，有可能抬眼就能看见地掷球场上的意大利老头儿盯着你。我在 2019 年夏天找到了一座新的公园，在 E 线地铁另一端、一个远离市中心的社区。

在那里，我整天循环播放 *Lover*。与这张专辑一起陪伴我的大多是独立摇滚专辑，比如苍白猎犬乐队（Palehound）的《黑色星期五》（*Black Friday*）、小枝女孩的《玛格达莱妮》（*Magdalene*）、莎伦·范·埃特的《明天提醒我》（*Remind Me Tomorrow*）、成年妈妈（Adult Mom）的《软肋》（*Soft Spots*）、模特儿猫咪（Mannequin Pussy）的《耐心》（*Patience*）和拉娜·德雷的《该死的诺曼·罗克韦尔》（*Norman Fucking Rockwell*）。（他们中大多也很欣赏斯威夫特。）"The Archer" 深深地触动了我，当我试图藏入人群，假装自己隐身时，它直指我的内心。听到"他们看穿了我"（they see right through me）接着"我看穿了自己！"（I see right through me!）那句时，我每次都会不自主地颤抖。就像这张专辑里的大多数歌曲一样，这是一首关于隐藏秘密的歌。你自欺欺人地以为自己掩饰得很好，实际上那些秘密早已写在你的脸上。歌中的女人以为自己在勇敢地坦白,却不知道她那隐秘的情感早已暴露无遗。

我被自己的悲伤蠢到了,我明明知道这一天总会到来,可为什么我会如此措手不及?为什么我看起来像个新手,好像从未经历过这种事情,就像是第一次上阵?作为一个年轻的鳏夫,我已经学会面对失去,我以为自己对这种事已经驾轻就熟,但我还是被打了个措手不及(如果母亲还在,她肯定会面带微笑地调侃我)。她教会我倾听那些"混乱且喧闹、难以驾驭又固执己见(虽然常常是错的,而且毫无分寸)"的女人,无论是在生活中还是在音乐里。小时候,母亲总是直言不讳,从不掩饰自己的想法——作为长女的长女,她总有很多话要说。到了40多岁,她才开始学着偶尔控制一下自己的观点表达。每当她"表现好"时,你能看出来,因为她会微笑着说:"哦,我真棒。"她始终是我生命中最直率、像风暴般充满存在感的人。

但母亲从未教会我如何倾听她的沉默。

她不想让唯一的儿子变得沉默寡言,所以竭力鼓励我发声,而那时我并不善言辞。葬礼上,我为她致悼词,实际上是为了向她"炫耀",因为她会为自己把儿子培养得更加健谈而感到自豪。我一生都在向她炫耀,逗她笑,排练我们的下一次对话。(难怪我会成为那些率性不羁的女歌手的粉丝。)现在,我却需要努力用别的声音盖过她的沉默。于是,我把音乐带到了公园的长椅上,用它来抵抗即将到来的坏消息。我可以用一整个下午听 *Lover*,听它们娓娓道来,因为我确信它们无法看穿我的心思。这些歌曲就像公园里的陌生人，见证了我自以为隐秘的黑暗时刻。

母亲葬礼后的第二天，我一边听着 *Lover* 一边走着去参加朋友的生日聚会。那天她 30 岁了，要为自己举办一场盛大的"婚礼"，让她性格中截然相反的两个自己喜结连理。就在几天前，母亲和我最后的聊天里还提到了那场聚会——我向她一一报告这场"婚礼"的细节。因为她总喜欢听这样的故事：我的朋友们，那些独立生活、充满创造性地开启冒险之旅的年轻女性，正在做她那一代女性从未有机会尝试的事情。

母亲让我答应她一定要告诉她所有细节，所以那天晚上我忙着收集各种故事：派对地点在里奇伍德，有很酷的冰雕、自助婚礼鸡尾酒、素食晚餐，两位按摩师随时待命，隐秘角落里还能做塔罗牌占卜。"生日新娘"在誓词中对自己说："你这个追求灵性治愈的人，是否愿意娶这个强势的女人为妻，无论顺境逆境，直到永远？"她希望派对上有支持她的"家长"，于是准备了伯尼·桑德斯和雪儿的真人等身立牌。当然，我没有提到葬礼的事，虽然有几个朋友知道。我在为母亲搜集这些故事，为那些即将在我脑海里进行的对话做准备。实际上，我又在"炫耀"了，试图用荒唐的努力给她留下深刻的印象，向她证明我有多么从容冷静、镇定自若。

派对后来变成了卡拉 OK 狂欢，房间里满是 1989 年出生的女性，她们一个接一个地拿起麦克风，高唱雪儿·克罗的每一首经典曲目。一个知道我母亲去世的朋友硬拉我上去合唱《偷走我的阳光》（"Steal My Sunshine"）。我的第二首歌选了泰勒的"Ours"，这是一首 2008 年的歌，完全没有让我联想到母亲、死亡或悲伤（至少在那之前没有）。午夜过后，我独自步行回家，穿过北布鲁克林的工业区，一直走了好几英里。那是 9 月下旬的深夜，但我没有戴耳机，而是沿着空旷的地铁大道大声唱歌，卡车在身旁隆隆驶过。我在"The Archer"和拉娜·德雷的《最伟大的》（"The Greatest"）之间来回切换。

虽然"The Archer"里的那个女孩心里满是秘密，但这些秘密别人早已知晓。当她唱出"我从未成熟蜕变，这早已是老生常谈"（I never grew up, it's getting so old）时，她以为没人注意到这句话。当她承认曾把朋友变成敌人的过往时，她以为自己是第一个提起这件事的人，就好像那些朋友和敌人从来没有私下调侃过这件事。她总是对自己隐藏感情的高超技巧赞叹不已，尽管那些情绪早已经显露出来，让周围的人尴尬得不知所措。她就像 20 世纪 80 年代那些典型的"酷朋友"，向一群"不知情"的朋友出柜。事实上，所有人都在思量，如何才能表现得既惊讶又支持。

这是我今晚的歌，献给最可怜的自己。我独自走在人行道上，呼吸着来自纽顿溪污水处理厂的刺鼻空气，对着仓库和工厂低声吟唱。一个悲伤的儿子，向深夜里的卡车司机、自行车手、飙车狂和路灯吼唱泰勒·斯威夫特的歌词，却没有一个人为之动容。

"The Archer"不能是一首抒情歌，它必须是一首磅礴的摇滚赞歌，因为她终于把藏在心里的话说了出来，她对自己满怀赞许。是时候讲述这个故事了。她正在打破沉默，坦白自己的弱点，揭示她对与自己相处的深深恐惧。她迫切地希望陌生人注意到她身上最无趣的地方，不惜用尽招数来吸引他们。那些人对她的卑躬屈膝和努力讨好感到难堪，因为事实上，她只需要转身离去就能得到这一切。而我，只是一个在黑暗的掩护下，向18轮大卡车吐露心声的、失去母亲的儿子，我无比勇敢地说了出来，只因为没人能听见。

　　"The Archer"中的女孩是泰勒·斯威夫特作品中那种居住在我灵魂里的角色之一，但她总让我害怕，因为她代表着最令我恐惧的那一面"自我"。"The Archer"确信自己成功骗过了所有人，为终于看清自己而自豪，但她是最后一个意识到自己已经被看破的人。她笑得过于夸张，试图证明她听得懂那些存在主义的笑话。"你可以留在我身边"（You could stay），她在最后说道，忽然意识到时间所剩无几，而她还未说出最重要的那句话。"你可以留在我身边。"

　　那一刻，我非常害怕自己会变成"The Archer"里的女孩。那一刻，我清楚地意识到自己永远无法变成别人。

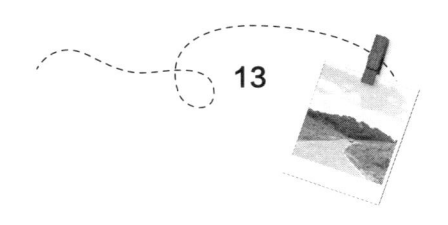

桥段：泰勒梦中的 13 首歌
The Bridge: Thirteen Songs from Taylor's Dreams

　　本书显然需要一个"桥段"，它甚至可能和泰勒·斯威夫特没什么关系。这些是她可能会翻唱、谈论、写在手臂上的歌曲，赋予她信念和热忱。有些歌曲出现在她青少年时期的 iPod 里，或是在她的流媒体播放列表中；有些则来自她职业生涯中始终与之对话的音乐前辈们，这些对话贯穿于她的音乐，也延伸到音乐之外。还有少数几首歌曲以一种间接的方式反映了她特有的感性。然而，这些歌曲无一例外地听起来像是她的一部分，也是她正在建造的"桥"的一部分。

　　正如泰勒在时代巡演的每一晚都会说的那样："我们已经来到今

晚的第一座桥。"她希望我们能与她一起跨越它。

1. 卡萝尔·金,《你有了一个朋友》("You've Got a Friend")

当泰勒将卡萝尔·金引入摇滚名人堂时,她称卡萝尔是"有史以来最伟大的词曲创作者"。两人一直是惺惺相惜的朋友,几年前,在美国音乐奖的致辞中,卡萝尔也特别提及了泰勒。很难想象如果没有那份对卡萝尔的崇拜,泰勒会成为今天的她。那种"你走到哪里,我都会跟着你"的忠诚深深影响着她。在那些曾经把歌词写在手臂上的日子里,泰勒选择了卡萝尔的《你有了一个朋友》中的一段歌词,它来自詹姆斯·泰勒的版本:"你知道,无论我身在何处,我都会飞奔去再次见你。"(You know wherever I am, I'll come running to see you again.) 像泰勒一样,卡萝尔从青少年时期便开始创作歌曲,展现出一种周围人无法解释的雄心。在摇滚名人堂的致辞中,泰勒说:"卡萝尔·金在《织锦画》(*Tapestry*) 中展现的自我,就像一位挚友在向你倾诉她生命的真相,同时也让你发现自己生命的真相。这张专辑是所有感性之人的转折时刻,也是那些梦想着登上经典专辑封面的猫咪的高光时刻。"

2. 碧昂丝,《绝无仅有》("Irreplaceable")

2008年,18岁的泰勒在接受《今日美国》专访时,分享了她

iPod 里的音乐内容，展现了她日常听歌的多样化品味。这份歌单包含多个风格和流派，包括虚拟乐队街头霸王、说唱团体邪恶黑帮、杰夫·巴克利、皮普保罗、地铁站乐团、绿洲乐队、曼尼·弗雷什、米兰达·兰伯特、布兰妮·斯皮尔斯以及帕丽斯·希尔顿。她特别钟爱 20 世纪 90 年代的摇滚女神，如艾拉妮丝·莫莉塞特、多莉·艾莫丝、雪儿·克罗和莉兹·费尔。同时，她对词曲创作者也情有独钟，比如达米恩·赖斯和帕蒂·格里芬。在一次采访中，她曾透露赖斯的《吹管者的女儿》（"The Blower's Daughter"）让她感动得大哭，甚至把地毯都弄上了紫色的睫毛膏污渍。此外，她的播放列表中还有由佩特·贝纳塔演唱、凯特·布什作曲的《呼啸山庄》（"Wuthering Heights"），以及说唱歌手天生赢家的《危险驾驶》（"Ridin' Dirty"）。

泰勒的 iPod 里自然也少不了碧昂丝的歌曲，《绝无仅有》更是深深吸引了她。这首歌从一些纳什维尔传奇女性创作人那里汲取了灵感，而这些人也是泰勒早年音乐生涯的引路人。歌曲创作者尼欧（Ne-Yo）曾表示："创作这首歌时，我脑海中出现的是仙妮亚·唐恩和费丝·希尔。"他还将这首歌形容为"我的 R&B 版本的西部乡村歌曲"。在碧昂丝推出《父亲的教诲》（"Daddy Lessons"）或《牛仔卡特》（*Cowboy Carter*）之前，她早已展现出与乡村音乐的亲密联系，与甜园合唱团合作演绎了具有乡村风格的《绝无仅有》。

3. 鲍勃·迪伦,《西班牙皮靴》("Boots of Spanish Leather")

2017年秋天,出于安全原因,我前往泰勒位于翠贝卡的公寓,听她的新专辑 Reputation。这是她唯一能确保没有隐藏麦克风的地方。在那架她写下大部分专辑的钢琴上,靠着两张黑胶唱片:大卫·鲍伊的《钻石狗》(Diamond Dogs)和克里斯·克里斯托弗森的《边境之王》(Border Lord)。她的餐桌上摆放着一本书——仅此一本,是鲍勃·迪伦的歌词集。这本书是为了迎接访客刻意摆放的吗?也许吧,但它与 Reputation 的氛围完全契合,因为她的嗓音中弥漫着《愚蠢的风》("Idiot Wind")或《第四街的肯定》("Positively 4th Street")中那种愤世嫉俗的味道。("你真好意思说你是我朋友!")作为一个既是迪伦迷又是泰勒迷的人,我一直着迷于他们之间的紧密联系。在她的 Fearless 歌词本中,有一个关于"Hey Stephen"的彩蛋——"爱与窃取"(love and theft),这是鲍勃·迪伦2001年的经典专辑名,同时也指向爱与窃取乐队(Love and Theft),泰勒正是为乐队主唱写了"Hey Stephen"这首歌。但"爱与窃取"这一短语,依然可以看作她和迪伦共同的审美信条。

《西班牙皮靴》可以说是"小丑"(Jokerman①)最具斯威夫特风格的一首歌。两位任性而冲动的年轻恋人情绪低落,却不愿承认他

---

① "Jokerman"是鲍勃·迪伦1983年专辑《异教徒》(Infidels)中的一首歌曲,此处作者用 Jokerman 指代鲍勃·迪伦。——编者注

们的关系已走到尽头。他们上演了一场荒谬的争吵，充满了消极的对抗，让人忍不住问："这场对话到底和皮靴有什么关系？"直到它出现，你明白了，这段分手的戏码只是为了一个冷嘲热讽的结尾，但这完全值得。可以说，这首歌完全能融入 Red 这张专辑。

4. 玛丽·J. 布莱姬，《疑惑》（"Doubt"）

"试图演唱玛丽·J. 布莱姬的歌简直是自不量力，因为她是有史以来最伟大的歌手之一，"泰勒在 2015 年对洛杉矶的观众说道，"但这首歌对我意义非凡，能在这里唱给你们听，对我来说也无比重要。我觉得，如果你和我一样曾面对不安和痛苦挣扎，这首歌可能也会对你有所帮助。"在 1989 巡演中，布莱姬与泰勒合作演唱了《疑惑》和《家事》（"Family Affair"）。与玛丽的众多经典作品一样，这首歌捕捉到了在面对内心动荡时的自我反思，这位嘻哈女王质问自己能否不再怀疑自我。作为听众，我们只能怀揣敬畏，希望自己也能拥有她那般的坚韧与酷劲。

5. 卡莉·西蒙，《你自负至极》（"You're So Vain"）

如果有一首歌能概括泰勒作为歌迷的一面，那无疑是她童年最钟爱的卡莉·西蒙 1972 年经典软摇滚歌曲《你自负至极》。小时候，泰勒最喜欢的一句歌词是："我做了些梦，它们就像咖啡里的云。"（I had some dreams, they were clouds in my coffee.）在这首歌里，卡莉辛辣地讽刺了她那个自恋的前任——一个爱炫耀、四处留情、跳着华尔兹的好色之徒,然而她始终未透露歌曲的灵感来自谁。泰勒的许多创作灵感,正源于这种神秘感。

"当我听到《你自负至极》时,我就觉得,这真是有史以来最棒的歌曲,"泰勒在 Red 巡回演唱会的纪录片中激动地说,"这是所有人处理分手时最直接的方式。"她回忆起有一次和家人一起吃晚餐时,大家聊起来谁才是《你自负至极》里的那个男人。在歌里和卡莉一起唱二重唱的米克·贾格尔?沃伦·贝蒂?西蒙的丈夫詹姆斯·泰勒?人们总是喜欢对这个话题展开争论,而且这种争论永远不会停息。每个人都有自己的一套理论。但卡莉·西蒙是个真正的摇滚明星,她非常聪明,不会轻易揭开谜题。"不,这首歌并不是只写某一个人,"卡莉在她 2015 年所作的精彩的回忆录《树丛里的男孩》(Boys in the Trees)里写道,"假设沃伦·贝蒂在这个特定的内场上打二垒,他非常熟悉这个位置,但至于谁站在一垒和三垒,那你得问游击手。"

据卡莉回忆,在她飞往棕榈泉的途中,朋友看了一眼她的杯子,开玩笑说:"看,你的咖啡里有朵云。"那段创作时光充满传奇色彩:米克·贾格尔在她录音时经过,保罗·麦卡特尼和琳达·麦卡特尼在一旁,乔治·马丁和哈里·尼尔森也在场。她和米克一起录制副歌时,那种情感与张力在录音棚里激荡。"我能感觉到,他的眼睛紧紧盯着我,"她写道,"我为这种亲密感感到兴奋,回想着自己在镜子前模仿他的那些时光。只是现在我们都成了自恋的人，同时渴望着对方。"他们在录音棚里的二重唱充满了情欲。"我想触碰他的脖子，他看着我的嘴唇。那种电流是么强烈……要是我们亲密，可能反而会让气氛降温。"（卡莉深谙扮演摇滚明星之道。）米克问："你怎么知道那么多和弦？"她回答："我只是个自以为是的女孩。"

难怪泰勒从小就梦想着写出那样的歌曲。她心想，为什么不能每句歌词都像"咖啡里的云"一样充满意象？如果用如此精妙绝伦的句子写满一整本歌集，那会如何呢？她就是那个"自以为是的女孩"，她渴望那些和弦，也渴望那些云。

2013 年，泰勒在马萨诸塞州邀请卡莉登台，共同演唱《你自负至极》。（那天晚上，我姐姐和她的女儿在 10 点左右给我发了一条短信，只有一个词——"卡莉"。）在 Red 巡演的纪录片中，泰勒和卡莉坐在沙发上依偎着，泰勒说："每个在场的女孩都会在我们唱这首歌时想到某个人。"演出时，卡莉戴着一顶低垂的帽子，开心地和粉丝击掌；泰勒也早已练习了卡莉的舞台动作，就像卡莉曾模仿过米克那样。演出结束后，泰勒问卡莉："《你自负至极》是写给谁的？"卡莉迅速打断她："我已经告诉过你，而且告诉过你永远不要告诉别人。所以你知道……"泰勒把手指放在嘴唇上，笑着回答："现在我真的知道了。"事实上，她一直都知道。

6. 史蒂薇·妮克丝,《月亮姐妹》(Sisters of the Moon)

史蒂薇和泰勒似乎从一开始就不搭,尤其是她们在格莱美上的那次著名二重唱。很长一段时间内,这场合作成为她们的最后一次共同亮相。然而,几个月后,史蒂薇以一篇温暖的致敬文章表达了对泰勒的支持。她在《时代》杂志上写道:"泰勒为所有女性以及那些想了解女性的男性而写歌。女性摇滚、乡村和流行歌手的时代回来了,而她的名字是泰勒·斯威夫特。正是像她这样的女性将拯救唱片行业。"

然而,泰勒为 The Tortured Poets Department 准备了一个真正的"史蒂薇大招",里面包含一首由史蒂薇·妮克丝为其作的引言诗,题为"致 T,也致我自己"。实体版本的专辑中有史蒂薇在 8 月 13 日于奥斯汀亲手写下的诗句,涵盖了她对自己所熟知的那些摇滚明星和浪漫神话的思考:"她从未来回望 / 轻轻洒下泪滴 / 他看着自己的过往 / 竟然心生惧意。"(She looked back from her future / And shed a few tears / He looked into his past / And actually felt fear.) 这似乎表明史蒂薇非常熟悉泰勒那些经典的主题,提到莎士比亚、悲剧、失落,歌颂着爱情的流逝。

泰勒在 "Clara Bow"(《克拉拉·鲍》)中提到了史蒂薇,回忆自己刚入行的那些日子。身居高位的男人告诉她:"你看起来像是 1975 年的史蒂薇·妮克丝,从发丝到嘴唇 / 人群随她的指尖跳动而疯狂 / 如半月微光,如满月全蚀。"(You look like Stevie Nicks / in '75, the hair and lips / Crowd goes wild at her fingertips / Half moonshine, a full eclipse.）但几年后，她已经过气，被一个更年轻的女人取代，而这不是什么新鲜事。这些男人告诉明年的新星："你看起来像是泰勒·斯威夫特 / 在这光芒之下，我们爱到疯狂 / 你的锋芒毕露，她却暗淡无光。"（You look like Taylor Swift / In this light, we're loving it / You've got edge, she never did.）克拉拉·鲍是 20 世纪 20 年代的好莱坞电影明星，因在无声电影《陷阱》（*Mantrap*）和《它》（*It*）中的性感女郎角色而成名——"It Girl"（具有特殊魅力的女性）这一术语就是为她创造的。但她变老了，被遗忘了，从历史中消失了。泰勒喜欢这样的故事，从 "The Lucky One" 到 "Nothing New"；史蒂薇也一样，从《金粉女人》（"Gold Dust Woman"）到《梅布尔·诺曼德》（"Mabel Normand"）。泰勒的美学中总有一种史蒂薇式的气息：公主和城堡的故事，*Speak Now* 中的飘逸长裙，或 *Folklore* 和 *Evermore* 中的森林。她们真的是一对"月亮姐妹"。

她们之间的联系远不止于此。史蒂薇·妮克丝在 1975 年伴随弗利特伍德·马克乐队一起成名，克里斯蒂娜·麦克维一直陪伴在她身边。这个乐队的独特之处在于，他们拥有两位同为主唱和创作型歌手的女性成员——在 70 年代男性主导的摇滚界，这种组合非常罕见。"我加入弗利特伍德·马克的那天，克里斯蒂娜和我达成了一个协议，"妮克丝在 2019 年告诉我，"她和我说：'我们永远不会被当作二等公民看待。'"她们之间总有那种姐妹般的化学反应：克里斯蒂娜是那个理智、稳重的人（以马克乐队的标准而言），像姐姐般包容着史蒂薇那狂放不羁的灵魂。克里斯蒂娜的歌讲述的是界限和妥协，史蒂薇则在高顶礼帽一甩而出的瞬间被卷入迷狂。弗利特伍德·马克乐队令人惊叹的长久生命力，部分得益于这两个性格迥异的"姐妹"之间的交锋和共鸣。"克里斯蒂娜从我身边经过，作为一位爱挖苦人的挚友，她会说：'哦，所以，我们又要写歌了吗？'"史蒂薇回忆道。泰勒一个人的身上就映射出这种双面交锋，她既有克里斯蒂娜那种设定规则和界限的理性一面，又有史蒂薇那种无视规则、追随情感的任性一面。然而，大多数时候，泰勒的"克里斯蒂娜"似乎是在与一个充耳不闻的"史蒂薇"争论。

2022年，克里斯蒂娜因癌症去世后，史蒂薇公开表达了悼念。在亚特兰大的一场个人演出中，她发表了一段讲话，感谢泰勒·斯威夫特帮她度过那些悲伤的日子。"感谢泰勒·斯威夫特为我做了这件事——她写了一首歌，叫'You're on Your Own, Kid'，"史蒂薇说道，"这首歌完美诠释了我心里的悲伤。"在那首歌里，史蒂薇听到了她与克里斯蒂娜之间长久以来的深厚羁绊。"我们仿佛回到了弗利特伍德·马克乐队，她仿佛在走进来的时候与我打招呼：'小妹，你好吗？'"这首歌寄托了她哀悼的心绪。"当我们在一起时，我们就像是两个孩子，彼此依靠。一直如此。如今，我必须学会独自前行。是你帮我迈出了这一步，谢谢你。"

那一晚，在都柏林的时代巡演上，泰勒首次现场演唱了"Clara

Bow"，而史蒂薇·妮克丝正坐在观众席上倾听。泰勒对全场说道："我的一位朋友今晚来到了现场，她是让我甚至所有女性艺术家能够站在舞台上、追逐梦想的重要原因。她为我们铺平了道路。"闪电划破夜空，也许是一次，也许是两次。

7. 金·卡恩斯，《贝特·戴维斯的眼睛》（"Bette Davis Eyes"）

这是一次来自 *Speak Now* 巡演的奇妙翻唱。泰勒对观众说："你们知道吗？洛杉矶有些艺术家创作出了令人难以置信的音乐！"接着她补充道："我很想为你们演奏一些来自洛杉矶的、我喜欢的音乐，可以吗？"然后她开始弹奏这首 20 世纪 80 年代的合成器流行经典《贝特·戴维斯的眼睛》。她说："这首歌发行于 1981 年——比我出生早了 8 年！"然而，似乎没有人知道这首歌，也没有人跟着一起唱。泰勒对这首描写小心翼翼试探的浪漫颂歌颇为欣赏，而这恰能说明她的音乐品味——它完全可以成为 *1989* 中的未收录曲目，尤其是那句歌词："她纯洁无瑕，如纽约的雪。"（She's pure as New York snow.）

金·卡恩斯将《贝特·戴维斯的眼睛》推上了排行榜冠军，但这首歌的创作者其实是伟大的杰姬·德尚农。德尚农是 60 年代洛杉矶音乐圈的核心人物，不仅为自己创作热门歌曲，也为其他人写歌，她曾与兰迪·纽曼和吉米·佩奇等人合作。[吉米·佩奇曾为她创作《橘光》（"Tangerine"）。] 泰勒当然知道德尚农是谁，也能与歌词中提到的贝特·戴维斯和葛丽泰·嘉宝产生共鸣。这次翻唱是一次彻头彻尾的"音乐宅"的行为，泰勒对此心知肚明。但她并不担心会失去观众的注意力。她坚持完整演唱了《贝特·戴维斯的眼睛》，哪怕她完全清楚只有她一个人在享受这堂音乐历史课。当她唱起《木星之泪》（"Drops of Jupiter"）或《甜美逃离》（"The Sweet Escape"）时，观众却无须任何引导就能全情投入。

8. 王子，《无人能及》（"Nothing Compares 2 U"）

"我对希尼德·奥康娜的《无人能及》非常着迷，"泰勒早年接受《滚石》杂志采访时提到，"王子写下这首歌时，5 000位词曲创作者都放下了笔，说：'好吧，我尽力了。'"

王子鲜少被拿来与泰勒相提并论，可能因为他的作品充满了大胆挑衅的色彩，但他们之间其实有许多相似之处。他是泰勒想要成为的那种80年代流行音乐创作者——总是出人意料。1984年的《紫雨》（*Purple Rain*）奠定了他的经典地位，仅仅一年后，他又以《一日环游世界》（*Around the World in a Day*）和《覆盆子贝雷帽》（"Raspberry Beret"）的轻松奇趣风格颠覆了所有人的期待。1985年，王子曾说："你知道用'Let's Go Crazy'（让我们疯狂起来）结尾的吉他独奏作为新专辑开头有多容易吗？但我不想再做一张和以前一样的专辑。你不觉得，能把你的专辑一张接一张听下去而不会感到无聊，这件事很酷吗？"

王子是个掌控一切的概念大师，他创造了自己的个人神话，让听众去解读其中的隐喻，比如"寻找紫色香蕉"（look for the purple banana）这样的神秘意象。泰勒显然从他的歌曲创作中学到了东西。例如，"Dress"（《长裙》）中闪烁着王子《烈焰红车》（"Little Red Corvette"）的合成器流行音效，"Nothing New"对《你曾属于我》（"When You Were Mine"）副歌元素的微妙调整更显得独具匠心。泰勒似乎也与王子对女性能量的极致运用产生了共鸣。王子喜欢身边围绕着魅力四射的搭档，她们与他华丽的风格相得益彰。他将自己的生活变成了一场浪漫主义盛宴，配角们身穿蕾丝和薄纱，成为炫目的装饰品，就像泰勒在 1989 时期所做的那样。他的"女团"梦想由瓦妮蒂、阿波洛尼娅、希拉·E、钻石、珍珠① 等缪斯实现，而泰勒的则由卡莉、卡拉、布莱克、黛安娜、赛琳娜等人演绎。泰勒的整个 1989 美学不正是 Under the Cherry Moon（Taylor's Version）[《樱桃月下（泰勒版本）》] 吗？

9. 起跑线乐队（The Starting Line），《最好的我》（"The Best of Me"）

　　在青少年时期的 iPod 中，泰勒收藏了这支来自宾夕法尼亚的流行朋克乐队。显然，他们对她的影响从未消失，因为在 The Tortured

---

① 钻石（Diamond）和珍珠（Pearl）是两位长相相似的舞者，出现在王子的专辑 Diamonds and Pearls 多首歌曲的音乐视频中。——编者注

Poets Department 的精彩歌曲 "The Black Dog"（《黑狗》）中，她巧妙地把这支乐队融入歌词。在"The Black Dog"的故事里，她的前任忘了更改手机设置，因此她还能通过 GPS 追踪到他的行踪。身为泰勒，这种事她当然会做。她监控到前任走进伦敦的一家酒吧，试图搭讪一个女孩，酒吧的调酒师放起了起跑线乐队的歌，而那个女孩因为太年轻，根本就不知道这个乐队。这完美体现了每一首歌在她的情感连续剧中所扮演的独特角色。

10. 菲尔·柯林斯，《无法停止爱你》（"Can't Stop Loving You"）

2019 年，泰勒现身英国广播公司的《现场演播室》节目，带来了一场意外惊喜——这位 80 年代流行乐的忠实乐迷向菲尔·柯林斯致敬。《无法停止爱你》原是一首 70 年代的冷门歌曲，但在 2002 年被柯林斯重新演绎成一首慢热金曲。泰勒解释道："我还记得刚拿到驾照时，我一边在纳什维尔开车兜风，一边大声唱着这首歌的歌词。"这首歌非常适合她，其中一个原因是，它讲的是在出租车的后座哭泣的故事。

11. 尼力，《这儿超火热》（"Hot In Herre"）

在 *1989* 巡演抵达圣路易斯的那晚，泰勒抓住机会与尼力同台大放异彩。他演唱了经典的《这儿超火热》，海姆姐妹也加入，为那句标志性的歌词"我感觉太热了，我想脱掉衣服！"表演了一段舞蹈。几天后，尼力在采访中提到泰勒时说："她就像我的小妹妹，真的特别酷。她是个特别好的人，心里没有坏念头。这种人很少见，尤其是在像我们这样的成长环境里。你很少会遇到这样的人，比如泰勒·斯威夫特和我的祖母，谁会不喜欢她们呢？"

12. 保罗·麦卡特尼,《也许我已迷醉》("Maybe I'm Amazed")

泰勒和保罗之间有着宇宙级别的深刻关联。他们都是整个世界仅此一个的奇迹，都兼具极端和矛盾。在泰勒为《滚石》杂志采访保罗时，两人直接聊起了数字学。保罗提到泰勒喜欢使用数字"13"，泰勒则问他为何在以零结尾的年份发布编号专辑。这两人简直无药可救。2014年，《周六夜现场》派对后的即兴表演中，他们一起演唱了保罗的经典二重唱曲目《我看见她站在那里》("I Saw Her Standing There")。我曾在纽约见过保罗和布鲁斯·斯普林斯汀演唱这首歌，而且表演了两次。没有任何解释，似乎是因为保罗对第一次的演唱不满意，于是让布鲁斯在众人面前再表演一次。你能想象其他明星这么做吗？也许只有一个人，那就是泰勒。

保罗深谙悲伤歌曲的奥秘。他在2015年对《滚石》杂志表示："音乐就像心理医生。你可以对吉他倾诉那些你无法对他人诉说的事情，而吉他会用人们无法做到的方式回应你。所以，你可以通过吉他向自己倾诉。"

当泰勒发布专辑 *Lover* 时，她和斯特拉·麦卡特尼在网上进行了一场直播，推广环保且无动物制品的周边。这让我想到了琳达·麦卡特尼，她一定会喜欢这种推广方式。当泰勒聊到专辑名称时，斯特拉随口说道："我们之所以都在这里，是因为我们的父母经历过一些恋人故事。"（坦白说，我花了几个小时才从那一刻的震撼中缓过来。）没有哪段摇滚爱情故事能比得上保罗和琳达的传奇，所以泰勒在自己的音乐中延续了他们的浪漫。保罗喜欢回忆那些为了打动琳达而写的歌，比如《我们俩》（"Two of Us"）、《也许我已迷醉》和《杰特》（"Jet"）。他曾说："我跑步回来后，会带着一首诗与琳达分享，她听后会说：'你真有才。'这真的让人感觉很好。"多年后，泰勒在 *Midnights* 中为保罗和琳达写了一首深情的爱情歌曲 "Sweet Nothing"，她唱道："回家的路上我写了一首诗／你说：'你真有才。'"（On the way home I wrote a poem / You said, "What a mind."）

2024 年夏天，保罗在温布利球场的时代巡演中沉浸于演出的情景令人动容。他和妻子南希、女儿斯特拉和玛丽一起，手臂上戴着友谊手链，周围都是跳舞的粉丝。保罗曾开创了这样一种全新理念：一场座无虚席、充满高声欢呼的女孩的体育场演唱会，也是一场复杂的智慧与艺术的冒险之旅（当然也包括其他意义），因此这一幕就像是一种传承，或者这也许是他早已预见的终将到来的时刻。

13. 莱斯莉·戈尔,《你并不拥有我》("You Don't Own Me")

泰勒选择了莱斯莉·戈尔 1963 年的女性主义流行经典《你并不拥有我》作为时代巡演的登场音乐。当时钟倒数最后 1 分钟时,这首歌响彻整个场馆。泰勒一向重视她的入场主题曲,无论是 *Speak Now* 巡演中汤姆·佩蒂的《美国女孩》,还是 *Red* 巡演中兰尼·克拉维茨的《美国女人》("American Woman")。然而,《你并不拥有我》不仅是时代巡演的主题曲,更是"泰勒版"以及她整个职业生涯的精神内核。

莱斯莉·戈尔在 16 岁时演唱了《这是我的派对》("It's My Party"),这首女团时代的冠军单曲让她成为能够代表新泽西犹太女孩的明星。她接连创作了一系列位居前 40 名的热门歌曲,大多围绕着被男孩轻视的故事,比如《男孩本性》("That's The Way Boys Are")。虽然她创作了十几首优秀的歌曲,但真正成为永恒经典的只有《这是我的派对》和《你并不拥有我》这两首。这是一场关于女性自主权的音乐抗争。戈尔属于我母亲那一代人,她是个讨人喜欢的天真少女,却被 60 年代的文化机器吞噬和抛弃,最终被视为一文不值的消耗品。她绝不会想到,在她去世多年后,这首歌会每晚在体育场内响起,成千上万的泰勒粉丝一起高喊:"我自由了,我喜欢自由!"

在莱斯莉·戈尔成年后的大部分时间里,她都感到自己被历史遗忘,仿佛她的一生就是一个笑话。没有人记得她,也没有人关心。

直到 90 年代，《你并不拥有我》出现在由贝特·米德勒、戈尔迪·霍恩和黛安·基顿主演的热门电影《前妻俱乐部》(*The First Wives Club*) 中。我和母亲一起去电影院看这部电影，而她在这之前已经和朋友们看过一遍了。在最后一幕，这几位女士边唱着这首歌边跳着舞离开了大街。戈尔对此感到难以置信。后来，她在个人传记纪录片中提到，每天她都会牵着狗徘徊在电影院附近，在散场时悄悄听着人们哼唱这首歌。

1963 年，《这是我的派对》的续集《轮到朱迪哭了》("Judy's Turn to Cry") 延续了复仇的主题，讲述男友回到她身边的故事，但这种胜利感注定是短暂的。戈尔的声音里始终带着一种深刻的孤独感，那是《我不想成为失败者》("I Don't Wanna Be a Loser") 中真实的青春伤痛。在我人生中一个灰暗的夏天，我曾反复听她的首张专辑《我想哭就哭》(*I'll Cry If I Want To*)，整张专辑包含了 12 首关于眼泪的歌曲。然而，戈尔常常被当作笑话对待。她甚至曾在《蝙蝠侠》中客串出演"猫女"的小喽啰"爪牙小猫"，还无助地喊道："我只是个摇滚歌手，不是罪犯！"猫女（朱莉·纽玛饰）翻了个白眼，冷冷地回道："哦，别闹了。你已经 20 岁了，早就过气了。"

戈尔最终被迫脱下明星光环，面对成长的现实。她从未得到过版税，她的粉丝、音乐评论家格雷尔·马库斯写道："那个无人能挡的女孩，成了无人倾听的女人。"然而，她的生活在 70 年代发生了转变。通过朋友兼导师贝拉·阿布朱格，戈尔接触到女权主义。（戈尔称自己是阿布朱格葬礼上的抬棺人之一。）在 50 多岁时，她勇敢地出柜，就像与她同时代的达斯蒂·斯普林菲尔德那样。戈尔与她的同性伴侣相守了 33 年，直到她 2015 年去世。莱斯莉·戈尔以一种她不愿意也不会选择的方式，践行了《你并不拥有我》的精神。这首歌关于一个渴望自由的女孩，也关于一个从未被真正束缚的女人。

难怪泰勒在这首歌中看到了自己的影子。即便是在老歌电台里，《你并不拥有我》也从未沦为背景音。在歌曲的开头，戈尔的声音带着一种积攒勇气的羞涩，那是典型的"泰勒式内向女孩尝试变得坚强"的风格。随后，她逐渐进入状态，发出坚定的宣言：不，你不能控制她，不能改变她，不能告诉她该做什么。她的声音中透出难以置信的震惊，似乎连她自己都被吓到了，直到她大声喊出："我年轻！我爱年轻！我自由！我爱自由！"这个女孩为践行这些誓言付出了代价，也经历了磨难，就像她那个时代许多被遗忘的女性一样。但她始终守住了这首歌中的每一句誓言。这首曾被认为只是流行小品的歌曲，其实是真正的经典。

莱斯莉·戈尔做梦也没想到，在她以为她的故事早已结束后，她的歌在 21 世纪 20 年代会比以往任何时候都响亮。对许多第一次听到它的歌迷来说，这不仅是一首歌，也是一场历史的清算。她是时代巡演中的"玛乔丽式的人物"——一个来自过去的睿智女性，她的声音成为演出的一部分，也成为泰勒讲述故事的一部分。那些逝去的，并未真正消逝。

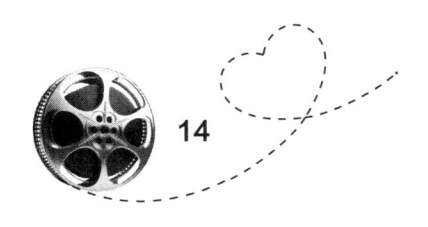

《红》
Red

　　我曾经发现一家KTV酒吧的歌本里居然收录了泰勒所有的歌，连那些拖沓冗长、让人望而却步的冷门曲目都不例外。没错，甚至包括"Sad Beautiful Tragic"（《美丽哀愁》），这是她最不受欢迎的歌曲之一，也是她几乎从未在现场演唱过的私人珍藏曲目——连她自己都不忍心折磨观众。当下，我脑海里冒出了两个问题：究竟是什么样的"疯子"会在KTV里点唱"Sad Beautiful Tragic"，以及我为什么还没和这个人成为朋友？

　　在这张专辑里，泰勒决定全身心拥抱自己对流行乐轰鸣般的热爱——尽管没人觉得她之前有过任何克制。结果呢？她打造了一份

10年来最华丽、最具野心的流行宣言：欧式迪斯科融入班卓琴的华丽节奏，是仙妮亚·唐恩多年来想要实现的效果；浪漫唯美的色彩堪比王子打造紫雨的绚丽；一切仿佛是只存在于幻想中的莉兹·费尔和爱司基地的组合。没有一个流行艺术家能在情感张力或音乐广度上与她媲美，她的朋克比所有朋克都更加纯粹，她的迪斯科也比所有迪斯科都更加炫目。每当陷入困惑时，她都会高喊"燃起来吧！"（Burnin' red!），然后来上一段吉他独奏。我喜欢她写的那首歌，描绘了与22岁的人一起玩耍是一种多么充满"异域风情"的体验；我喜欢她说"refrigerator"（冰箱）的方式；我喜欢她唱"drown-i-i-i-ing"（溺水）时的语气。事实上，这张专辑里的任何5秒，我都无比喜爱。

"We Are Never Ever Getting Back Together"（《我们再也回不去了》）成为她的第一首冠军单曲，也是她迄今为止最直白的对流行音乐的尝试。在这首歌里，泰勒嘲讽了那些玩独立摇滚的"文艺青年"，这也预示了她未来的音乐方向。如果这位前任真在2012年听"某张比我的专辑酷得多的独立唱片"（some indie record that's much cooler than mine）来寻求安慰，那他听的可能是美好冬季乐团或国民乐队。想想看，把前任塑造成坏人有多容易。她完全可以把他描绘成一个浑蛋、恶棍，或者一个肆意出轨的家伙，但她没有，她让这首分手歌里的两个人同样神经质、迷茫，因为这样更有趣。她也不介意在22岁的年纪扮演一个傻乎乎的角色。她甚至把歌里的"前任"描绘成一个有朋友的人，这说明她在 22 岁时的情感成熟度已经远超大多数同龄人。

　　Red 的影响力如此深远，以至于使她之前的专辑听起来仿佛是最纯粹的乡村音乐，尽管它们并非如此。通过与马克斯·马丁和谢尔贝克这样的制作人合作，她开始构建舞曲风格，比如在"I Knew You Were Trouble"（《我知道你是大麻烦》）中掺杂的电子音乐流派 dubstep 元素。在"22"（《22 岁》）那充满迪斯科风格的旋律中，她唱着最吸引听众的"uh oh"，仿佛这是她发明的——第二段副歌真的是她发明的。有时她像一个历经沧桑的智者，有时她又似乎完全不懂何为成熟。她渴望流行电台的电子乐节奏，却又想与早晨开车时听到的每一首歌一较高下。在"Holy Ground"中，她完全释放了自己的朋克精神，用了一段从《白色婚礼》（"White Wedding"）中借来的吉他旋律，演绎了一首关于与自己共舞的歌曲。"Sad Beautiful Tragic"则是对迷幻斯威夫特风格的致敬，完美捕捉了霍普·桑多瓦尔标志性的手鼓音效。她把斯蒂利·丹乐队的曲目中我最讨厌的一个瞬间——《卑鄙勾当》（"Dirty Work"）中那句"trouble"的呜咽——反复呈现在我面前，直到我开始喜欢它为止。

　　Red 巡演展现了一位处于巅峰状态的艺术大师的姿态。她吉他上的红色亮片与麦克风和鞋子上的亮片相得益彰，甚至和观众中 80% 的装扮完美呼应。她在开场时宣布："我很开心看到有 13 000 人选择花两个小时听我讲述自己的心情！"演出以向 U2 乐队致敬的"State of Grace"拉开帷幕,她头戴 U2 乐队吉他手的标志性黑帽子,这一切都显得再合适不过——毕竟她还拥有一把红色吉他、三个和弦和一些真相。在"Holy Ground"的表演中,她站在一个巨型发光圆柱台上,完成了一段激情四射的击鼓独奏。"她太酷了!"我身后的一个小孩兴奋地告诉她妈妈,"她真是嗨翻全场了!"

我会一辈子记得这个孩子。那个瞬间让我深切感受到,眼前的一切是一段美好、纯粹且真实的黄金时代。

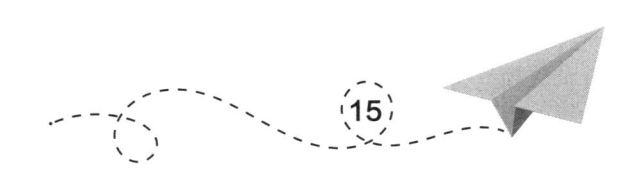

泰勒的密码
There Once Was a Girl Known by Everyone and No One: Taylor's Codes

2006年，有一场电台采访的主题是：如果泰勒不是歌手，她会想做什么？"你可能会觉得我很奇怪，"泰勒说，"但我会想当警察。"电台主持人简直不敢相信自己的耳朵："警察？"她解释道："不是交警，而是像《犯罪现场调查》里的那种警察——犯罪现场调查员。我学了两年的刑事司法，我真的很喜欢，但没有喜欢到想当律师。我喜欢那些有尸体的节目，节目里他们尽可能地找到一切线索。就像《特殊受害者部门》那样。"

十几岁的泰勒幻想自己追捕罪犯、破获案件的画面可能有点儿滑稽，但她的侦探梦想更多是关于解开谜团，就像夏洛克·福尔摩斯、南希·德鲁、奥利维娅·本森或者神探可伦坡。她想成为一个侦探、一个策划者。最终，她成为一名"艺术侦探"，用作品吸引观众像侦探一样聆听，与她一起寻找破解谜题的线索。

"是的，我会想成为一名犯罪现场调查员，"她接着说，"或者服装设计师。"

泰勒一直对秘密代码情有独钟，甚至堪称痴迷。在很早的时候，她就开始在专辑封面、歌词、MV 和服装里为粉丝埋下线索，等着他们来破解。早在 16 岁发行首张专辑时，她就在激光唱片歌词册隐藏了编码信息，用大写字母传递每首歌的秘密含义。例如，"Teardrops on My Guitar"对应的秘密信息是"他永远不会知道"（He will never know），"Picture to Burn"（《烧掉的回忆》）是"和好男孩约会"（Date nice boys），而"The Outside"是"你并不孤单"（You are not alone）。

"我把所有这些秘密信息编码进每首歌的歌词里，"她解释道，"所以，如果你读歌词时不明白为什么这个字母 A 是大写的，那是因为它是密码的一部分。你需要按顺序把这些字母写下来。"她补充说："如果你真的很无聊，比如遇到一个下雨天，这会变成一件很有趣的事。"

泰勒的灵感来自披头士乐队。"披头士制作过一张专辑，当你倒着播放时，会听到'保罗死了，保罗死了'的秘密信息，"她说，"那是黑胶唱片的年代。我没法在激光唱片上实现这种效果，因为它没法倒着放。所以，这就是我能采取的最神秘、最诡异的方式了。"

事实证明，她的能力远不止于此。随着名气的增大，她对这些"智力游戏"越发痴迷。每当她推出新作品时，谜题和代码都成为她艺术表达的一部分。她喜欢精心策划专辑发布流程。到了 *Lover* 时期，她甚至在 MV 中玩起了"通过数窗外棕榈树的数量来推测专辑中有几首歌"的游戏。这种互动式的解码游戏逐渐将她的观众群打造为一个充满热情的解码社区。

她会不会做得太过了？她一贯如此。"后来我一直在想，我该如何暗示那些以后的事情？提前多久才不算太早？"2021 年，她在回顾第一张专辑中的"彩蛋"时说，"我可以提前 3 年就埋下线索吗？我可以做这么远的计划吗？我觉得我得试试。"泰勒想吸引那些单纯喜欢听歌的粉丝，也想吸引那些乐于解谜的"怪咖"。她说："我觉得，人们作为普通的音乐爱好者，与音乐保持一种正常的关系完全没问题。但如果你想和我们一起钻进兔子洞，那就一起来吧，现在正是好时候。"

泰勒始终把她的粉丝当作侦探、密码破译者和共谋者。她的"彩蛋"不仅展现了她调皮捣蛋的幽默感和擅长制造谜题的天性，还彰显了她作为词曲创作者无穷无尽的创造力。[讽刺的是，她最无意义的谜题可能是她的"谋杀案"歌曲"No Body, No Crime"(《无迹可寻》)，其中的关键线索竟然只是"他做的"(He did it)，这简直像在作弊。] 在"Anti-Hero"(《反英雄》) 的 MV 中，她则开了一个狡猾的玩笑：在她"死后"，家人在阅读遗嘱时发现自己什么都没得到，于是决定反着来解读遗嘱。泰勒最享受的一件事就是带领观众一起玩音乐寻宝游戏，但她绝对没想到，她的粉丝会把这件事做到如此极致。通过她的音乐，"泰勒学家"们推测她会围绕日食规划自己的人生：她的一切都以112天为周期，因为这正是音乐制作人斯库特·布朗拥有的歌曲数量（当然这取决于你的计算方法），甚至有人推测她暗杀了肯尼迪。尽管她已经给出无数线索，但是总有一些未被发现的东西潜伏其中。

泰勒诱导人们像读自传一样解读她的歌曲，却将她最深的秘密深藏于心。她既想成为谜团本身，也想扮演侦探，这是典型的斯威夫特风格，也是她始终吸引我们的原因。

一些著名的词曲创作者会创作互相关联的专辑，这甚至成为一种优良传统：他们坠入爱河、分手、流泪、舔舐伤口，然后通过一张张问答式的分手专辑将悲伤注入音乐。例如，波莉·简·哈维的《这就是欲望吗？》(*Is This Desire?*)、尼克·凯夫的《船夫的召唤》(*The Boatman's Call*)、猫女魔力的《月影奇境》(*Moon Pix*)和斯莫格的《敲门声》(*Knock Knock*)。碧昂丝的《柠檬水》(*Lemonade*)和Jay-Z的《4:44》则记录了他们婚姻的跌宕起伏，其中充满了痛苦的对话，包括关于"一头秀发的贝琪"(Becky with the good hair)的暗示。①

然后是弗利特伍德·马克乐队的奇妙案例，他们在专辑《流言蜚

---

① "一头秀发的贝琪"出现在碧昂丝的专辑《柠檬水》中。在歌曲《抱歉》("Sorry")里，她提到"一头秀发的贝琪"，有人认为这暗指Jay-Z在婚姻中可能存在不忠行为。——译者注

语》(*Rumours*)中将这种复杂关系展现得淋漓尽致。史蒂薇·妮克丝和林赛·白金汉加入乐队后,开启了一场长达近50年的爱恨纠葛,乐队的其他成员也不可避免地卷入其中。正如约翰·麦克维所言:"乐队里唯一没传过绯闻的,大概就是我和林赛了。"弗利特伍德·马克乐队简直是词曲创作者为何不该爱上彼此的终极警世故事。

当然,除非你是泰勒·斯威夫特和哈里·斯泰尔斯,他们显然把这种游戏当作一种有趣的挑战。没有哪段分手歌的故事能与"海洛尔"(Haylor①)的神话相媲美。无论他们短暂的恋情在现实生活中对彼此意味着什么(两人都对具体细节守口如瓶,这实在令人失望),他们在音乐中已成为彼此的缪斯,通过歌曲来回交锋。"海洛尔"是一个独特的案例,两位才华横溢的流行音乐天才多年来不断地用这些"纸飞机"传递灵感——不是因为有任何仇恨,而是因为这是一座创作的金矿。他们似乎很喜欢这种音乐传统,以至于根本不愿放手。2017年,哈里对《滚石》杂志记者卡梅伦·克罗说:"这是最神奇的无声对话。"

他们对琼尼·米切尔的痴迷更让"海洛尔"的双人狂想症显得不可救药。他们都因《蓝》而学习了阿巴拉契亚扬琴。琼尼·米切尔是这场运动的先驱,她在专辑中无情地鞭笞了"峡谷"②中的那些浪荡子。我痴迷于《蓝》和莱昂纳德·科恩的《爱与恨之歌》(*Songs of*

---

① Haylor 是 Harry(哈里)和 Taylor(泰勒)名字的结合。——编者注
② 此处的峡谷指洛杉矶的劳雷尔峡谷大道。——编者注

Love and Hate）许多年，却从未意识到他们唱的是彼此。她写下了《你的缩影》，他则写下了《圣女贞德》（"Joan of Arc"），这是他们最伟大的两首歌，没有低级的攻击和小气的怨恨（那些都留给了其他前任）。科恩是那个声称自己"如北极星般恒常"的缪斯，虽然他可能夸大了自己的忠诚，但他们用最炽烈的音乐回敬了彼此，这才是浪漫悲剧的终极形态。

琼尼·米切尔同詹姆斯·泰勒完成了另一对精彩的分手对唱曲，用她的《献给玫瑰》（*For the Roses*）和他的《泥泞行者与苍茫远方》（*Mud Slide Slim and the Blue Horizon*）展开交锋。她把对詹姆斯·泰勒最幽默的"嘲讽"藏在她的吉他演奏里——在《改日再见》（"See You Sometime"）中模仿了他标志性的吉他演奏风格，同时吐槽他的热门单曲《我们注定经历更多大雨》（"We're in for more rain"）以及他穿背带裤的习惯。"在我早期的歌里，流言蜚语太多了，"琼尼在 1988 年说，"我曾为詹姆斯·泰勒写过一首歌，提到了他的背带裤。结果在他下一张专辑的封面上，他竟然真的穿上了那该死的背带裤！好吧，这下秘密彻底公开了！"（值得一提的是，早在《献给玫瑰》发布的一年前，詹姆斯·泰勒就穿着背带裤出现在了《泥泞行者与苍茫远方》的封面上。所以，要么他提前得到了暗示，要么就是他特别喜欢那条背带裤。）

不过，"海洛尔"可不是一段能在一张专辑里彻底厘清的感情，或者说至少看起来不是这样。泰勒以"Style"（《风格》）和"Out of the Woods"（《走出困境》）[还有"Daylight"（《日光》）？]为"海洛尔"贡献了黄金篇章，哈里则以《完美》（"Perfect"）和《两个幽灵》（"Two Ghosts"）[以及他自己的《日光》（"Daylight"）？]作为回应。他们从未公开真相，以免破坏这场音乐游戏的乐趣。哈里一如既往的优雅克制，从未在公开场合提到泰勒的名字。"我从来没坐下来接受采访，然后说：'我谈过一段恋爱，事情是这样的……'"他在 2019 年告诉我，"因为对我来说，音乐是情感的交汇。奇怪的是，只有在这里，我才感觉这样的交汇是自然的。"

当哈里和泰勒在 2012 年春天相遇时，他们已经是全球知名的狗仔队焦点，因此他们几乎不指望能低调地维持这段关系。（可以说，当时的世界仍是黑白的，他们却在五彩斑斓中熠熠生辉。）他们乐在其中，享受在公众视线中上演这场"游戏"：两个火象星座，四只蓝眼睛。他们的约会甚至都成了小报头条。2012 年 12 月，刚满 23 岁的泰勒陪哈里去了洛杉矶的一家文身店。她坐在他身旁，握着他的手，看着他在左臂上添了一艘海盗船的文身，位置正好在他原有的骷髅和握手图案之间。（这正是她"I Knew You Were Trouble"MV中男主角的同款文身。）那天，他穿着一件激流乐队的 T 恤，这本身就是个谜：在和泰勒·斯威夫特的约会中敢穿这样一件 T 恤，可见他有多自信。

早在 2012 年年初，泰勒就已经将哈里写进她的专辑 *Red*，创作了"Treacherous"。然而，真正让这段"海洛尔"恋情深入人心的，是她的专辑 1989。在热门歌曲"Style"中,她沉醉于哈里那"詹姆斯·迪恩式的梦幻眼神"。几个月后,单向组合发布了《完美》,这首歌直接借用了"Style"里的副歌旋律,哈里在歌中唱道:"如果你在找一个可以写分手歌曲的人,宝贝,我是最好的选择……宝贝,我们简直是绝配!"这句"我们"堪称先见之明,仿佛他们早已预见,这段已结束的恋情会源源不断地为我们的世界贡献更多歌曲,也为他们双方提供足够的模糊空间以保全体面。单向组合那张专辑里最引人注目的歌曲之一《奥利维娅》("Olivia"),甚至还与泰勒的猫同名。

  《两个幽灵》原本是为单向组合创作的,但哈里后来决定独自演唱。"这个故事太私人了。"2019 年他在谈到这首歌时如此表示。他唱到了她的红唇、蓝眼睛、白衬衫,最露骨的是那句"冰箱灯下的舞蹈"。粉丝们对两人音乐中关于"海洛尔"的象征展开了过度解读,但其中确实有许多细节可供推敲。在两人确定关系后不久,哈里发了两条推文,引用了泰勒喜欢的躁动陷阱乐队的歌曲《温柔气质》("Sweet Disposition")里的歌词,还在身上文了一句来自这首歌的、含义模糊的歌词:"不会停下脚步,直到我们认输。"(Won't stop till we surrender.)而这首歌的上一句——"不会停下脚步,直到一切结束"(Won't stop till it's over)——后来成了泰勒在"Treacherous"里埋下的密码,这首歌也成为 Red 的亮点之一,正如另一首提到温柔气质的歌一样。

他们两人始终在玩一场"从不否认，也从不解释"的游戏。当卡梅伦·克罗问哈里是否认为泰勒的歌曲是在写他时，他保持了一贯的冷静风格。"我的意思是，我不知道这些歌是不是关于我的，"他说道，但语气并不完全令人信服，"但问题是，她的歌太好了，到处都能听到她的歌。"他并不介意她写这些歌，因为他自己也在做同样的事。他说："我写歌是基于自己的经历，每个人都是这样。如果我们经历的那些事能促成这些歌曲的创作，我将感到很幸运。那才是触动你内心的东西，那才是最难说出口的部分，也是我最少谈起的部分。这部分只属于两个人。我永远不会告诉别人所有的细节。"

　　他们恋情的每一个细节似乎都能融入一首歌。比如，泰勒穿着一件带狐狸图案的毛衣和哈里在中央公园散步，于是就有了"I Know Places"（《藏身之地》）——在歌里他们化身狐狸，被爱情（或者狗仔队）追逐。"Wonderland"（《仙境》）是泰勒·斯威夫特版的《爱丽丝梦游仙境》，其中的柴郡猫则象征来自柴郡的哈里。哈里2022年的专辑《哈里的小屋》（*Harry's House*）中的一首佳作"Daylight"，似乎是在回应泰勒三年前在 *Lover* 结尾的那首"Daylight"。当霍华德·斯特恩逼问哈里这首歌是否和泰勒有关时，他回答："谁又知道呢。"他还曾在某个粉丝生日时哼唱了几句"22"。2023年格莱美颁奖典礼上，"海洛尔"粉丝为他们聊天的画面激动不已；那天晚上，哈里拿下了他的第一座奖杯，而泰勒是观众席中第一个站起来为他鼓掌的人。（这是"海洛尔"文化中的"我是斯巴达克斯"时刻。①)她的 1989（*Taylor's Version*）[《1989（泰勒版本)》]的"保险箱曲目"中，包含了她迄今为止最直白（也是最愤怒）的关于他的歌曲，比如"Now That We Don't Talk"(《不相往来》)、"Slut!"(《荡妇!》)和"Is It Over Now?"(《结束了吗?》)。"海洛尔"粉丝拥有的素材都足够写论文了，许多人也确实这么做了。

粉丝们比以往更认同自己是"海洛尔"离婚后留下的"孩子"。（天哪，这两人似乎还在争夺史蒂薇·妮克丝的"抚养权"。②）要把这样一场持续多年的"音乐界羽毛球赛"玩下去，必须拥有惊人的幽默感、无尽的想象力以及极高的信息掌控能力，更不用提为纯粹的恶作剧所付出的坚定和执着了。

这段故事结束了吗？他们永远不会告诉你答案，但"海洛尔"向我们展示了如何把分手变成一门艺术。

"宝贝，我们简直是绝配。"

---

① "我是斯巴达克斯"时刻指一种公开表达支持或认同的场景。这个表达来源于 1960 年的电影《斯巴达克斯》(*Spartacus*)，其中有一幕经典场景：罗马军队抓获了一群奴隶，要求他们指认斯巴达克斯，结果每个人都站出来说"我是斯巴达克斯"，以保护真正的斯巴达克斯。这一场景象征着团结、忠诚和集体性的支持。——译者注
② 泰勒和哈里都曾公开表达过对史蒂薇·妮克丝的欣赏和钦佩，有些歌迷认为这有种"抢夺"她作为音乐偶像的意味。——译者注

《1989》
1989

"这张专辑不是关于男孩子的,"2014 年 10 月,专辑 *1989* 即将发售时,泰勒·斯威夫特对《公告牌》杂志说,"它和那些琐碎的事无关。"

当我第一次听到 *1989* 时,我正坐在她的沙发上,这是出于安全原因。她位于翠贝卡的公寓是唯一一个她不用担心被窃听的地方。(我不禁想,我坐的这个角落是不是卡莉·克洛斯、莉娜·邓纳姆或者赛琳娜·戈麦斯坐过的地方。)然而,这次的音乐让我彻底震惊了——一次转向 20 世纪 80 年代电子迪斯科风格的大胆尝试。"Welcome to New York"(《欢迎来到纽约》)开场的一分钟让我怀疑耳机是不是有静电。她到底在做什么？她的声音怎么了？她的吉他哪去了？为什么这听起来完全不像泰勒·斯威夫特？但当她唱到那句关于酷儿们[①]逃往城市的歌词"男孩和男孩，女孩和女孩！"（Boys and boys and girls and girls!）时，我坐在那里心想：我这是在听着我最喜欢的歌手自毁前程吗？

没错，我听到的就是这样。她已经不想再做泰勒·斯威夫特。这是彻底的自毁，没人要求她这么做。*Red* 之后，整个世界都期待着 *Red II: Fifty Shades Redder*（《红Ⅱ：五十度更红》）、*Red III: Revenge of the Scarf*（《红Ⅲ：围巾的复仇》），或者 *Red IV: Maple Latte Massacre*（《红Ⅳ：枫糖拿铁大屠杀》）。没有正常人会建议她："你接下来该做的就是制作一张和 *Red* 完全不同，但和灭迹乐团或者英国组合宠物店男孩十分类似的专辑。"

1989 的一切都不合逻辑。*Red* 结合了乡村、流行和摇滚等多种风格，成为一种她可以长期延续的成功模式，达到了许多艺术家穷其一生都难以企及的高度。现在，她却选择放弃这一切？这些歌曲依然出色，展现了典型的斯威夫特风格，但每一首都让我不禁质疑：她为何要选择自我颠覆？聆听这张专辑时，我心中隐隐浮现一种淡淡的哀伤——我已经开始怀念从前的她。但这张专辑展现了一个她想成为的全新的女孩形象。

[①] 酷儿们（queer kids）指那些不符合主流性别和性取向规范的青少年。——编者注

对自己从80年代汲取的灵感,斯威夫特有很多话要说。"那是流行音乐极具实验性的一段时期。"她在1989发布会的直播中说道。我当时正坐在纽约宾夕法尼亚车站的阿姆特拉克候车室里,戴着耳机,用一台笔记本电脑观看直播。几个陌生人注意到我的屏幕后好奇地走过来看,甚至还有几只鸽子也飞过来凑热闹。泰勒把这个"发型时代"描述为她错过的黄金时代。"人们意识到歌曲不一定得是标准的鼓、吉他和贝斯的组合,"她说,"人们穿着自己喜欢的、疯狂的颜色,为什么不呢?那是一个充满无限机会、无限可能和多元化生活方式的时代。"这种自由奔放的精神深深地融入了她的80年代风格转型中。她说:"我想,没有规则。我不需要用以前合作过的音乐人、乐队、制作人,也不需要遵循什么模式。我可以制作任何我想要的专辑。"

然而,她的唱片公司却没那么有信心。"他们问我:'你真的确定要这样做吗?你确定要把专辑命名为1989吗?我们觉得这个标题有点儿奇怪。你确定要用一张脸只露出不到一半的专辑封面吗?你真的想从已经稳固的风格跳到一个全新的、不熟悉的领域吗?'对于这些问题,我只能一一回答:'是的,我确定。'这个过程让我十分沮丧,就像在说:'伙计们,你们难道不明白吗?这是我梦寐以求的事情!'"

对于整个80年代,我都坚持认为一群海鸥乐队的第二张专辑《聆听》(*Listen*)远胜于他们的首张同名专辑《一群海鸥》(*A Flock of Seagulls*），所以泰勒的这种风格转型本该非常对我的胃口。从 MTV 时代开始，新浪潮合成器流行音乐就令我着迷。但即便是我，也对她的这个选择存有疑虑。然而，出乎所有人的意料（包括我自己），大家都喜欢她的做法。没有人希望她故步自封，也没有人想要她去迎合听众。她对听众的这种大胆信任被证明是完全正确的。

大卫·鲍伊曾说，每个艺术家的梦想都是一样的："让你的飞机坠毁，然后转身离开。"

那年夏天，当我在大都会体育场观看 1989 巡演时，泰勒意外地坦白了一件事。"说真的，新泽西的朋友们，"她对观众说，"有时候，我觉得自己没有真正的朋友，甚至觉得自己根本没有朋友。"她的语气似乎和整场演出欢快的基调不符。而且，我周围的人似乎并未注意到这一点，也没有人在之后谈论这件事。

1989 是她首张带有明显地域感的专辑，背景设定在充满浪漫纠葛的纽约市：灯光与男孩让人目眩，人人都爱喝星巴克。但她已经不想再扮演"忧伤女孩"。"那些我在 *Red* 里尝试流行音乐元素时进行的冒险？"她在 *Red*（*Taylor's Version*）的注释中写道，"我想走得更远。那些我在繁华大都市旅行时所感受到的自由？我想生活在其中。"这种转型呼应了王子对音乐变化的看法，他曾在 1985 年表示，他希望自己的每一张专辑"都前往不同的城市"。

这张专辑成为她闺密团时代的配乐。当时，她因"约会太多"或"写了太多关于前男友的歌"而饱受批评，于是她选择减少约会，转而与一群耀眼的女性朋友在城市中穿梭,她们包括卡莉·克洛斯、洛德、莉娜·邓纳姆、卡拉·迪瓦伊等人。"我怀着一种难以言喻的信念,穿着高跟鞋和露脐装奔向它,"她在 Red (Taylor's Version) 注释中写道,"谁知道呢?也许成年后有一群围绕在身边的女性朋友,是为了弥补童年时缺少朋友的遗憾(而不是为了建立一个残酷的'辣妹邪教')。"她清楚自己成了荡妇羞辱的目标,因此选择与闺密们在一起。"我以为,只要我只和女性朋友相处,人们就不会把事情夸张化或性化,对吧?但后来我才明白,他们仍然可以,而且确实这么做了。"她喜欢这种喧嚣,但你也能听出她担心自己能否真正融入其中。作为一名青少年乡村歌手,她在大巴、飞机和酒店里度过了青春年华,一直幻想着找到某种归属感。在她的歌里,成为"女孩"往往意味着和那种"游历自己生活"的感觉抗争。这也是为什么我会永远支持被广泛误解的"Welcome to New York"。谁都知道她并不住在纽约,否则她早就像其他人一样每天只低头看手机了。这首歌实际上是在讲,不要羞于承认你的好奇心。[这是一首只有外地游客才能写出的对纽约的颂歌,延续了鲍伊的《吉恩精灵》("The Jean Genie")、碰撞乐队的《闪电来袭》("Lightning Strikes")和乔·杰克逊的《夜行步步高》("Steppin'Out")的优良传统。]她没有特意提及任何本地地标,"纽约"完全可以被替换成"斯波坎"(Spokane)、"得梅因"(Des Moines)或其他任何押韵的城市,而不改变歌词的本质。她可以在任何地方,关键在于在你所处的任何地方寻找浪漫的细节。

　　如果她的目标是平息关于她感情生活的流言，那么把她最好的歌命名为"Style"似乎不太合理。然而，她与哈里·斯泰尔斯那段备受关注的恋情，注定成为人们解读这些歌曲的一部分。1989（Taylor's Version）中的"保险箱曲目"堪称她所有专辑中最精彩的，包括"Is It Over Now？"、"Now That We Don't Talk"和"Slut！"。她试图投入一段新的恋情 ["在男孩的世界里，他是个绅士"（in a world of boys, he's a gentleman）]，但也非常清楚这个世界对女性充满了厌女情绪，她感慨道："只有我会付出代价，而你却不用。"（I'll pay the price, you won't.）她下定决心面对："如果他们叫我荡妇，也许这一次值得。"（If they call me a slut / It might be worth it for once.）"Is It Over Now？"听起来像是和"The Archer"及"Labyrinth"（《迷宫》）构成了三部曲，带有一种幽灵般的合成器氛围。她在时间中来回穿梭，从不同的角度审视一段仿佛被雪地摩托车撞毁一般戛然而止的恋情。故事中充满了蓝眼睛、蓝裙子、红色的血、衬衫、沙发和船的意象；它有"Come Back... Be Here"（《回到我身边》）里跨国恋的疏离感，有"New Romantics"里的红字[①]，也有"Holy Ground"里纽约咖啡馆的气息。那个男人就像"All Too Well"里的那个男孩，用脱口秀主持人般的魅力打动服务生，正如他曾经打动她父亲一样。但最

---

① 红字（scarlet letter）源自美国作家霍桑的小说《红字》，在此处指不被世俗看好的禁忌之恋。——编者注

终，一切都终结于心碎——一种连那两双蓝眼睛也未曾预料到的深切心碎。

在全力拥抱"80年代"这一概念时，泰勒把音效细节也处理得非常到位。"Style"几乎成功融合了宠物店男孩首张专辑里的每一首歌［尤其是《爱来得匆匆》("Love Comes Quickly")和《我想要一个爱人》("I Want a Lover")，也包括《西区女孩》("West End Girls")，好吧，其实是所有歌曲］。这张专辑描述了一场约会：一个女孩沉醉于自己的魅力和热情，而她的约会对象只能成为这种魅力的暗淡倒影。

她找到了一位重要的新伙伴——杰克·安东诺夫，他是一位同样痴迷于80年代的音乐人。在制作 *1989* 期间，他还和合成器流行乐的开创者文斯·克拉克合作，为他自己的乐队欢乐看台制作了一张专辑。在2014年接受"美版今日头条"Buzzfeed记者马修·佩尔佩图阿采访时，安东诺夫说："现代流行音乐应该给文斯寄一张10亿美元的支票，因为他们整天在剽窃他的创意。每一个合成器音效、所有低音部分都是文斯在亚祖乐队、赶时髦乐队和灭迹乐团[①]中创造的东西。他所做的这些音乐听起来要出彩得多。"

在专辑的后半部分（用80年代的术语来说就是"B面"），泰勒在合成器流行概念上稍稍"出轨"，加入了一些抒情曲，作为一种风

---

① 亚祖乐队（Yazoo）和灭迹乐团（Erasure）均为20世纪80年代成立的电子流行二人组合，文斯·克拉克是它们的创始成员，同时也是电子音乐乐队赶时髦乐队的早期成员。——译者注

险对冲，以防风格转型失败。她以由"This Love"、"I Know Places"和"Clean"（《释怀》）组成的"杀手级三重奏"结束专辑。被低估的"This Love"是唯一一首由她独立创作的歌曲，这是一首低声吟唱的抒情曲，在这首歌中她跪下来凝视自己的灵魂。*1989* 是泰勒第一次在专辑中直面"幽灵"的作品，而未来，她将遇到更多这样的幽灵。

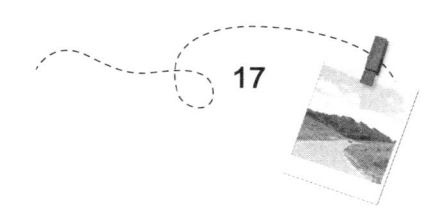

打破定义与限制
The Word "Nice"

　　为什么泰勒·斯威夫特对"nice"（美好）这个词如此着迷？对大多数词曲创作者来说，"nice"是避之不及的陈词滥调。它是一个空洞的词，是对音节的浪费，换成"sweet"（甜美）、"kind"（善良）、"wild"（狂野），甚至是"fine"（不错），都会让歌词更有力量。"nice"听起来太软弱无力，甚至有些乏味。然而，泰勒却钟爱这个词。一旦你开始注意到她歌曲中频繁出现的"nice"，你就再也无法忽略它。从她的第一首热门单曲"Tim McGraw"（《蒂姆·麦格劳》）["It's nice to believe"（我愿意相信）]开始，她就对这个词情有独钟，她的这种喜好也一直延续至今。她会把"nice"写进副歌，甚至毫不避讳地突出它。对语言创造力如此之强的词曲创作者来说，这确实让人费解。为什么她如此偏爱这个平淡无奇的小词？

有时候，她会以讽刺的方式使用它，比如在"This Is Why We Can't Have Nice Things"中，或者用它来表达一种带有轻蔑意味的否定，比如在"Midnight Rain"（《午夜的雨》）里，她唱道："我伤了他的心，因为他太好了。"（I broke his heart 'cause he was nice.）奇怪的是，她很多时候真的是在表达"nice"的意思。在"Begin Again"（《重新开始》）中，当她的约会对象为她拉开椅子，她唱道："你不知道这有多好，但我知道。"（You don't know how nice that is / But I do.）这句话里的"nice"让人感到出奇的深情——那么脆弱、那么毫无防备、那么未经雕琢，那是一个害羞的女孩在试图描述一种她不知道如何表达的情感。这个"nice"透露出一种微妙的动人之处，仿佛让人看到了她不经意间流露出的真实与单纯。

泰勒乐于发挥"nice"这个词所暗含的那种自嘲式的女性能量，这在她 2015 年的热门单曲"Wildest Dreams"（《狂野的梦》）里达到巅峰。那句宏大的副歌："说你会记得我 / 穿着一件美好的长裙 / 注视着夕阳余晖。"（Say you'll remember me / Standing in a nice dress / Staring at the sunset!）那个"nice"承载了相当的重量。她本可以穿蓝色长裙、红色长裙、黑色长裙、丝绸长裙、蕾丝长裙、绉纱长裙、全新长裙，甚至可以回到她常唱的"my best dress"（我最好的长裙）。在"Bejeweled"中，整首歌都在为那个叠句"我打磨得如此……好！"（I polish up real... nice！）铺垫。她感到被忽视、被视为理所当然、被勉强容忍，而在长期的礼貌和顺从之后，她终于要挣脱束缚去狂欢。那个"nice"不正是她想抛弃的一切吗？

泰勒一次次被"nice"这个词吸引，是否因为它反映了那些扭曲的性别刻板印象？她所挑战的是社会对女性必须"nice"的规训，还是"nice"这一词语对女性的定义与限制？她是在试图重新夺回这个因其"女孩气"而被轻视的词语吗？她是在为解放那些被视为幼稚的特质而努力，还是仅仅尝试让这个陈词滥调焕发新的趣味？

"nice"是一个琐碎的词，就像一块廉价的装饰品，但她把它别在胸前，骄傲地佩戴着。

"大家总想知道名人是不是'nice'，"约翰·穆兰尼在他的喜剧特别节目《帅小子》中说，"比如米克·贾格尔。他来主持节目时，我的朋友们都问我：'他 nice 吗？'绝对不！"但为什么他们会感到惊讶？在过去的 60 年里，他一直站在舞台上面对狂热的观众，他们尖叫着喊出他的名字，他则沐浴在这种崇拜之中。这种自我膨胀的快感会对任何一个人的性格造成影响。"你再也不是那个低调地问'呃，有人能借我一个笔记本电脑的电源吗'的人了。"

没人关心米克·贾格尔是不是"nice"。这个概念对他来说根本不适用。但泰勒·斯威夫特和"nice"的关系截然不同。对公众视线中的女性来说，"nice"是一个性别化的陷阱。从她 16 岁开始面对这个世界时，泰勒就展现了一种不可战胜的"Nice 意志"。她是如此积极地扮演"Nice Girl"（乖乖女）的角色，以至于引发了一种"她是不是其实并不 nice"的猜测。

需要注意的是，我们讨论的不是"善良"（kindness）、"同情"（compassion）或"温暖"（warmth）这些在人际层面真正重要的美德。我们谈论的是"Nice"作为一种文化货币。泰勒在智能手机和社交媒体兴起的同时爆红，那时，你的每一刻都被镜头记录，"nice"的市场价值随之飙升。凯蒂·佩里也是在那个时期成名的。"一切都不一样了，"凯蒂在 2008 年夏天对我说，"你没有任何休息日。你不能生病，也不能觉得'今天老娘不爽'。"

最接近的类比是布鲁斯·斯普林斯汀。和泰勒一样，他也是明星中与"nice"形象最接近的一个极端例子。他早年以"好得不正常"而闻名，这种友善超出了礼貌或风度的要求。不管这种期望是不是过于苛刻，人们就是认为布鲁斯应该是那样的好人。老板没有说"今天我不爽"的权利。作为音乐鉴赏家，无论你多么冷静客观，但如果有一天你在酒吧遇到布鲁斯，他对你说了句"你不能坐在这里"、"身材真不错"或者"你知道我是谁吗"，这绝对会影响你听《罗莎莉塔》（"Rosalita"）时的感受。

然而，布鲁斯也曾尝试推翻自己的人设。他解散了 E 街乐队，离开了新泽西，搬到了贝弗利山庄。他迫切地想摆脱"nice"的束缚，甚至公开批评新泽西，称它让自己感觉"像北极的圣诞老人"。到底发生了什么？"我只是觉得有点儿'被布鲁斯搞烦了'，"他说，"够了，真是够了。你最终创造了这样一个偶像，却发现自己被这个形象压得喘不过气来。"

泰勒对这种故事再熟悉不过，她自己也经历过多次。当一个明星被塑造得过于"nice"时，他们可能会像布鲁斯一样问自己：这真的是我吗？我是这个偶像吗？如果没有这种形象，我还能存在吗？我真的是一个善良、充满爱心、诚实的人，还是只是"nice"？我能不能摆脱"nice"的牢笼，哪怕只有一天？

可怜的布鲁斯，他并没有骗任何人，他连一个敌人都没能制造出来。他回到了新泽西，然后把乐队重新组建起来，没人生他的气，甚至没人能记起他身患"布鲁斯疲劳症"的那些年。而对泰勒来说，这一切注定会截然不同。

18

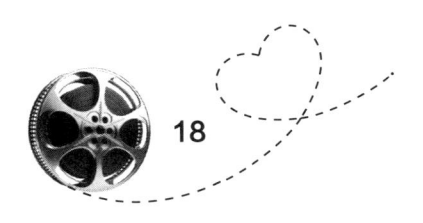

《新浪漫主义》
"New Romantics"

"New Romantics"是泰勒最令人惊喜的作品之一。这首 *1989* 的附加曲目向 20 世纪 80 年代初的新浪潮合成器流行乐致敬,同时展现了这种音乐遗产如何在最令人意想不到的地方焕发新的生机。她在歌曲中表达了自己和新浪漫主义运动的深切情感共鸣,而在我青少年时期,新浪漫主义运动对音乐和哲学曾产生过深远影响。我一直以为自己是泰勒的头号粉丝,但从未料到她会写出这样一首令人惊艳的作品。

坦白说,泰勒·斯威夫特录制了一首名为"New Romantics"的歌曲,这几乎像是对我兴趣的一种漫画式自嘲。我从未如此感到一首歌在特别针对我，甚至让我一度怀疑自己是否应该感到被冒犯。我看过多场杜兰杜兰乐队的演出，这支乐队无疑是新浪漫主义的象征。我还写过一本关于我青春时代的书，名为《和女孩聊杜兰杜兰》(*Talking to Girls About Duran Duran*)，因为我的青春就是在这样的旋律和节奏中度过的。我确实和许多女孩聊过杜兰杜兰——虽然她们大多是我的姐妹，但这并不重要。

当我看到附加曲目时，一首名为"New Romantics"的歌让我忍不住发笑。我想，这会不会是一首充满杜兰杜兰乐队和人类联盟乐队式歌词的合成器流行乐歌曲？描写那些新浪漫主义的年轻人去夜店，一边在舞池里抑郁沉思、自怨自艾，一边浮夸地炫耀自己多么无聊，在洗手间里流下带着睫毛膏的眼泪？结果，她真的写出了这样一首作品。"New Romantics"既充满活力又熠熠生辉，完美展现了一系列精致而阴郁的合成器节拍爆发出的连锁反应。她用一句宣言投下战书："我们炫耀各自的红字 / 相信我，我的更胜一筹。"（We show off our different scarlet letters / Trust me mine is better.）泰勒的演唱听起来很冷静，她唱着"我们都百无聊赖"（We're all bored），但无聊显然是最不泰勒的情绪。果然，当副歌响起，她仿佛置身于迪斯科灯球的光芒之中——在一个灯光与男孩让人目眩神迷的舞池里，故作冷静显然不足以应对。整首歌的每一刻都涌动着一种人为营造的强烈兴奋感。

这首歌发布的那一周，很多朋友关心我能否恢复正常。但这首歌完美地诠释了 1989 的精神。正如泰勒所说:"我听了许多 80 年代后期的流行歌曲,我非常欣赏他们当时所做的冒险。我喜欢那种大胆……你可以做任何你想做的事,成为你想成为的人,穿你想穿的衣服,爱你想爱的人,你可以决定自己的人生走向。"这是一种属于她的、全新的浪漫风格,不再期待或渴望童话故事,而是追逐变幻无常的刺激。在这首歌中,她表现得更加妩媚,尤其是在那句慵懒叹息中:"他看不透我脸上的表情,但我正要亮出王牌。"(He can't see it in my face, but I'm about to play my ace-aaaaah.)这是一种她迫切需要的新节拍,伴随着她在新城市开拓新的事业。这首歌完美地总结了她在 1989 中的所有尝试,以及她渴望成为的全新浪漫主义者的全部内涵。

想当年,新浪漫主义看似一场华丽却短暂的潮流,但令人意外的是,它最终成为流行文化中经久不衰的神话。像杜兰杜兰乐队和文化俱乐部乐队这样追求艺术感与中性风的潮流先锋,以及亚当·安特、软细胞合唱团、舞韵合唱团、人类联盟乐队、卡加咕咕合唱团、香蕉女郎组合和法兰基到好莱坞组合等极致华丽的前卫艺人,都是这一风格的代表人物。当然,是不是也该提一下海兹狂想乐队(Haysi Fantayzee)?我总是忍不住要提。他们在公众想象中占据了不可取代的位置。(顺带一提,同年在《今夜秀》中,卡迪·B 遇到喜剧演员约翰·穆兰尼,还对他说:"你看起来像宠物店男孩。"[①])

[①] 虽然宠物店男孩并非严格意义上的新浪漫主义组合,但他们的电子流行风格、模糊性别界限的形象,以及对时尚和舞台表现的注重,与新浪漫主义运动有一定的相似性。——译者注

我第一次看到"New Romantic"这个词是在《滚石》杂志的一篇评论中，当时他们轻蔑地评价了赶时髦乐队的首张专辑："别回头看，你已经错过了新浪漫主义。"乍看之下，泰勒·斯威夫特似乎与新浪漫主义那种张扬而带有矫饰色彩的理想格格不入。她通过 Red 确立了自己成熟的音乐风格，这张专辑本可以为她铺就一条成功的乡村流行之路，但她对此毫无兴趣。如果她愿意，她只需抱着一把原声吉他站在舞台上，就足以在余下的职业生涯中继续让粉丝挤满体育场。但她并没有选择这条路。

相反，泰勒选择拥抱华丽的 80 年代合成器流行乐，并为自己人生的新阶段录制了一首奇异的颂歌——"New Romantics"。再见了，那些秋天的落叶和象征纯真的围巾背后的班卓琴和抒情曲；你好，"听过一次夜半行军乐团音乐的人们"。整张 1989 专辑是她对 80 年代的致敬，而"New Romantics"是她的宣言。奇怪的是，她并未将这首歌正式收录到专辑中。它或许是继赶时髦乐队将《罪恶之海》（"Sea of Sin"）从《破坏者》（Violator）中剔除之后，最令人意外的一颗新浪漫主义的遗珠。

不过，作为一首附加曲目，她在 1989 巡演中将其重新演绎，最终还将其作为单曲发行。这种犹豫不决对泰勒来说极为罕见，毕竟她一向是最果断的流行明星之一。然而，这种犹豫不决却与这首歌的主题完美契合。"New Romantics"讲述的是转变，以及站在舞池中央、无处可藏的处境。这是一首既容易被嘲笑又主动邀请嘲笑的歌。亚当·安特曾唱道"嘲笑没什么可怕的",而泰勒回应道"我可以用他们扔向我的砖块建造一座城堡"(I could build a castle / Out of all the bricks they threw at me)。本质上,它们表达的是同一种情感。

这首歌宛如一份宣言,而新浪漫主义者对宣言总是情有独钟。这不仅仅是穿上荷叶边衬衫,而是以一种自命不凡的态度去展示这些荷叶边衬衫。夸张与戏剧性是这种生活方式的核心,这也是为什么史班杜芭蕾乐队会将他们的首张专辑命名为《荣耀之旅》(*Journeys to Glory*)。最初,伦敦布利茨俱乐部的新浪漫主义者试图自称为"未来主义者",但这个名字并未流行开来。1982 年,《新音乐快递》杂志的评论家兼理论家保罗·莫利曾将文化俱乐部称为"后摇滚",但这一标签也没能走红。最终,"New Romantic"这个标签意外地流行起来。尽管几乎没人争这个名称的版权,它却在年轻观众间引发了强烈的共鸣。正如其他酷炫的名字一样,"New Romantic"最终被随意地贴在了那些并不希望与之发生关联的艺术家身上,仅仅因为粉丝觉得它是一个非常实用的概括。

正如历史学家戴夫·里默在其权威著作《新浪漫主义:一种风格》(*New Romantics: The look*)中写道:"'新浪漫主义'被用来形容一种华丽、精致且性别模糊的音乐。"新浪漫主义者热衷于挑战传统的性别认同和男性权威的观念。他们往往是来自各自家乡的鲍伊一代,在成长过程中成为恐同暴力的目标,而新浪漫主义风格是他们宣告并炫耀这种身份的方式。

几年前，乔治男孩对我说："我从小就带着一种防御心态，因为在学校里我总是被欺负。我把自己的风格摆上砧板，任人评判。在十六七岁的时候，我走在街上，明知道自己可能因为某种穿着方式而被追赶、被攻击，但我觉得我有权利成为自己想成为的人，这是不可否认的。我经常受到光头党、摩登族、休闲族及类似群体的攻击。"新浪漫主义者嘲笑传统直男世界，尤其是直男主导的摇滚世界。正如大卫·鲍伊所说："对洛克西音乐乐队和我来说，睫毛膏不过是一种媒介，用来传递那些和摇滚毫无关系的零零碎碎。"

新浪漫主义的集大成者显然是杜兰杜兰乐队，他们是第一支（可能也是最后一支）在歌里提到"New Romantic"标签的乐队。在他们1981年的首支单曲《行星地球》("Planet Earth")中，西蒙·勒邦称自己为"一个在意电视声音的新浪漫主义者"。[①] 自1981年以来，他已经数千次唱起这句歌词，却从未表现出一丝尴尬。这正是我敬仰西蒙·勒邦的原因之一。

几年前我度过了非常奇怪的一天，向杜兰杜兰乐队的成员们解释"New Romantics"这首歌的存在。当时是2015年夏天，正值他们发布那张精彩的专辑《纸神》(*Paper Gods*)。我问他们是否恰好知道泰勒·斯威夫特的这首歌。尼克·罗兹和约翰·泰勒立刻对视了一眼。他们听说过这首歌，但没有去听，他们怀疑泰勒可能是在

[①] 它象征着新浪漫主义者不仅关注自身的音乐表达，也试图通过媒介（如电视）将这种声音带入流行文化的主流。——译者注

"东施效颦"。

但当我提到这首歌时,他们变得好奇起来。这些成员知道我对他们和新浪漫主义的认真态度。他们更对我居然主动去听了一场泰勒·斯威夫特的演唱会感到意外。更准确地说,他们当场笑出了声。约翰·泰勒打趣道:"嗯,你肯定是整个场地唯一的男人!"我不得不回应他:"嗯,这种情况我早就习惯了,毕竟我也去过你们的演出。"

尼克·罗兹承认他很欣赏泰勒·斯威夫特。"她身上有某种特别的东西,不是吗?"他说,"她很独特,也很聪明。"但对于这首歌,他们并不知道该怎么评价。(对这类事情,尼克有他自己的界限:他没读过乐队成员写的任何回忆录,而且有个原则,就是永远不看关于杜兰杜兰乐队的书,包括我的那本。)当我告诉他们"New Romantics"是一首明确向新浪漫主义致敬的歌曲,而且听起来仿佛出自他们之手时,他们感到很惊讶,同时对泰勒从乡村音乐转型向合成器流行乐的旅程表现出浓厚的兴趣。那天剩下的时间里,他们不断地拿自己与泰勒·斯威夫特作比较。

约翰·泰勒谈到杜兰杜兰乐队的专辑《臭名昭著》(*Notorious*)时提出了一个非常精彩的对比。这是他们在乐队的两位原始成员离队后,以三人组合形式录制的第一张专辑。

"泰勒·斯威夫特,我对她和她的故事了解得不多,"约翰·泰勒说,"但我认为,对她来说最重要的事情就是离开纳什维尔,对吧?不仅是身体上的离开,更是精神上的离开。这是一个没有回头路的选择。一旦你和马克斯·马丁合作过，你就不会再回到纳什维尔了。但她对自己的未来有清晰的规划，她相信自己能够突破类别的限制而自由存在。我猜，我们的音乐风格大概也是如此。我们'离开了纳什维尔'，甚至早在离开伯明翰之前。从某种意义上说，《臭名昭著》就是我们告别'纳什维尔'的象征。"

约翰·泰勒一直是杜兰杜兰乐队中最具哲学气质的成员，因此他不经意间将泰勒与新浪漫主义之间建立起如此深刻的精神联系，显得顺理成章。一旦成为新浪漫主义者，就永远是新浪漫主义者。

泰勒把这首歌排除在专辑之外，这本身就非常符合新浪漫主义的风格，尤其是考虑到这是整张专辑中最好的一首歌。她用女性的声音诠释了"新浪漫主义"的声音，尽管这一风格本质上是中性的，但大多数明星都是化着妆的男孩，他们对着比自己妆容稍淡的女观众演唱。泰勒只是想不断变化，展示自己的多面性，因此她选择了合成器流行乐作为一种艺术原则。你可以指责她是一个浅尝辄止的爱好者，这种指责可能是对的——这恰恰让她格外真实。成为一名新浪漫主义者，就是永远在"成为"的路上，永远在变化，永远用力过猛，同时拥有一颗玻璃心或石头心。成为新浪漫主义者，就是永远在离开纳什维尔的路上。欢迎来到新浪漫主义。它一直在这里等待着你。

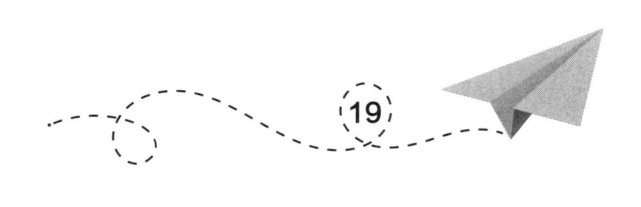

反派时代
The Villain Era

澳大利亚的一条人行道上,世界知名街头艺术家卢什苏克斯在墨尔本创作了一幅壁画,上面写着:"悼念泰勒·斯威夫特,1989—2016。"他还补充了一句:"请不要涂鸦,尊重逝者。"

泰勒的"反派时代"确实到来了,而且令人震惊的是,她从万众瞩目的偶像跌落成"全民公敌"的速度竟如此之快。秃鹫网①称她是"有脑子的人最不喜欢的流行明星"。

这一切是怎么回事?她与一位真人秀明星发生争端,而这被广

---

① 秃鹫网(Vulture)是美国流行文化和娱乐新闻网站,专注于电影、音乐、电视、书籍等相关报道。——译者注

泛认为是她职业生涯的终结。金·卡戴珊——你肯定听说过她，或许你也熟悉她的作品，比如在广受好评的 E! 频道上播出的《与卡戴珊一家同行》，以及《科特妮与金在迈阿密》。她在好莱坞星光大道上有一颗属于自己的星星。这是一场真正的名人角斗赛。一边是"Love Story"的演唱者泰勒，另一边是真人秀女王金——嘻哈传奇坎耶·韦斯特的妻子，以及 2011 年出版的小说《玩偶之家》的作者。在 2016 年的美国公众眼中，选择是显而易见的：再见了，泰勒。

"金耶"（Kimye）争端是泰勒人生中最令人厌烦、最过度曝光的一段插曲。这绝不是她陷入的唯一争端——其他争端涵盖了音乐、个人生活和政治领域，但这个事件成为这些问题的引爆点，将它们彻底凝聚成了她的"反派时代"。泰勒与坎耶·韦斯特关系恶化，在接下来的几年里，她的一举一动都被与这个男人及他们之间的旧怨联系在一起。公众普遍认为，这段纠葛成了她人生中最重要的人际关系，而泰勒未能赢得坎耶的认可不仅被视为她事业的滑铁卢，更被解读为佐证她性格缺陷的依据。如果这个比她年长的男人（两人初次相遇时坎耶 32 岁，泰勒只有 19 岁——当时这一年龄差并未引发争议，甚至都没人在意）多年来反复公开表达对她的不满，这就被看作对她在文化与道德层面上的彻底否定。她的声誉从未如此糟糕。

争端的爆发始于 2016 年 2 月，坎耶发布了一首关于泰勒的歌曲《颇负盛名》（"Famous"）。但这场恩怨可以追溯到 2009 年 9 月的

MTV音乐录像带大奖，以及那场臭名昭著的事件。当晚的大赢家是碧昂丝。而在颁奖典礼前段，泰勒获得了一个次要奖项——最佳女歌手录像带奖。就在她上台领奖时，坎耶突然走上舞台，从她手中抢过麦克风，说："让我先讲一句话。"接着补充道："我为你感到高兴，但我要说，碧昂丝拥有有史以来最棒的音乐录像带之一。"镜头切到碧昂丝，她正无奈地摇着头。

随后，MTV突然切换到一段埃米纳姆的预录视频，而不是让泰勒发表获奖感言。剥夺她发言机会的不是坎耶，而是MTV。

那一晚，碧昂丝无可争议地成为最大赢家，她赢得了最高奖项并在舞台上表演了《单身女郎》（"Single Ladies"）。当她斩获年度最佳录像带奖时，她邀请泰勒上台与她共享这一荣耀。碧昂丝是唯一表现得像个成年人的人——一如既往。（她当时28岁，比泰勒大近10岁，比坎耶小4岁，但她的资历比两人都深，知名度也比他们俩加起来还高。）那是碧昂丝的夜晚，她的从容大气让其他人就像是任性的孩子。第二天的头条新闻聚焦在碧昂丝身上，她的行为被赞为姐妹情谊的象征，成为那天的焦点。然而，仅仅一周之后，碧昂丝就已经从这个故事中淡出了。

坎耶和泰勒的这件事引发了媒体热议，尤其是在纽约和洛杉矶，泰勒在这两个地方的知名度远不及美国其他地区。公众舆论完全站在泰勒一边。时任美国总统奥巴马称坎耶是个"浑蛋"。奥普拉寄了花篮。凯蒂·佩里发推文写道："去死吧，坎耶。这就像你踩死了一只小猫。"这些怜悯带来的却是糟糕的宣传，泰勒被塑造成"可怜的小女孩"，好像她是辛迪·布雷迪①，而不是刚赢得格莱美年度专辑奖的严肃词曲创作者。没有人意识到，对泰勒来说，这是个巨大的灾难。

坎耶和泰勒的对峙画面成为一个标志性的视觉符号，揭示了男性对女性主导流行文化的焦虑，这种焦虑让许多男性感到愤怒，仿佛他们的某些权利正在被剥夺。坎耶成了"真实男性声音"对抗"女孩力量"的代表。[在那一年的 VMA 上，登台表演的男性只有绿日乐队、缪斯乐队和 Jay-Z，其他表演者则是凯蒂·佩里、女神卡卡（Lady Gaga）、珍妮·杰克逊、粉红佳人（Pink）、碧昂丝、泰勒和艾丽西亚·凯斯。]争议与奖项本身无关，因为最佳女歌手录像带奖是一个几乎没人关心的奖项。谁能说出泰勒获奖的前一年或后一年是谁得奖？甚至谁能回忆起去年的获奖者是谁？（没人知道——MTV 早在多年前就取消了这个奖项，甚至没有人注意到这个奖项已经被取消了。）这场争议的文化意义全在于那个画面中的视觉二元对立。碧昂丝却被从这段叙事中抹去了，她的行为没有成为病毒式传播的热门话题，也没有引发表情包的狂欢。很多人甚至不知道她当时就在现场，更不知道她选择了何种方式回应。碧昂丝

---

① 辛迪·布雷迪是美国经典情景喜剧《布雷迪一家》（*The Brady Bunch*）中的一个虚构角色。该剧是美国 20 世纪 70 年代最具代表性的家庭喜剧之一，于 1969—1974 年在电视上播出。辛迪是布雷迪家最小的女儿，以她可爱、活泼的性格以及金色的卷发而广为人知。——译者注

被忽视了，这在各种意义上令人费解。她才是这场事件的真正受害者——那一晚本该属于她，坎耶的举动却让她以"失败者"的身份被载入史册。没有人记得那年的 VMA 获奖者，碧昂丝却成了唯一因"输掉"而闻名的明星。如果有谁真正有理由对此耿耿于怀，那应该是她，但她是碧昂丝，还有更重要的事情等待她去完成。

2010 年秋天，泰勒和坎耶分别发布了他们迄今为止最出色的专辑——*Speak Now* 和《我美丽、黑暗、扭曲的幻想》（*My Beautiful Dark Twisted Fantasy*）。两张专辑的好评如潮，评论中很少提及之前的 VMA 事件。泰勒创作了一首原谅坎耶的歌曲"Innocent"（《无辜者》），并在下一届 VMA 上演唱。坎耶则推出了一首更具幽默感的新歌《逃亡》（"Runaway"）。这段故事似乎已经即将成为两位流行巨星职业生涯的一个注脚。

然而，坎耶显然并不打算放下这件事。在 2010 年 11 月于纽约鲍厄里俱乐部举行的《我美丽、黑暗、扭曲的幻想》发布会上，他在演出中提到："泰勒从未在任何采访中为我辩护，她只是一次又一次地从中获利！"这段激烈的发言引起了现场观众的欢呼。他甚至将自己与另一位备受争议的领导人乔治·W. 布什相提并论，说道："历史上没有哪位领导人像我这样被妖魔化，而没有在战争中被杀或选择自杀。所以，任何活下来的人都应该得到补偿。"

令人意外的是，泰勒并没兴趣抱怨坎耶，这让媒体备感失望。在她宣传新专辑 *Speak Now* 时，尽管媒体的关注铺天盖地，她还是拒绝谈论此事。当她在 VMA 上演唱"Innocent"时,这是她全年第一次提到那次事件,之后她又恢复了缄口不语的态度。当采访者试图以"可怜的小女孩"式的同情引诱她开口时,她始终不为所动,坚决回避相关问题。当《纽约》杂志问及那次事件如何影响她时,她一度开口说道"它对我的影响……"却随即停顿,接着改口道:"如果我开始把自己当作受害者并抱怨,那并不会带来什么好的结果。"

"Innocent"是一首感伤的抒情歌,表达了对一个被误解的复杂男人的同情。她在歌中安慰他说:"在我眼中,你的光芒仍然明亮。""你是谁,并不取决于你做了什么。"然而,这首歌听起来总是有些别扭,尤其是将它与同一张专辑中的"Dear John"对比时。当她唱到"32 岁了,还在长大"时,不禁让人联想到约翰·迈耶,他当时也是 32 岁——他和坎耶都出生于 1977 年,相差仅 4 个月。19 岁的泰勒在歌中写到这些 30 多岁的男人,他们对她表现出特别的兴趣,把她当作追逐的目标,而她无法理解原因。泰勒因他们的关注而感到受宠若惊,也不理解他们为何愿意花时间对她释放恶意。她一直觉得自己有责任去理解他们。他们是男人——深邃、复杂、严肃、阴暗、聪明且神秘,而她只是一个非常年轻的女孩。但也许,她可以帮到他们。

2015 年 9 月,坎耶重返 VMA,领取音乐录像带先锋奖。令人意外的是,泰勒·斯威夫特竟然亲自为"我的朋友坎耶·韦斯特"颁奖。他发表了一段幽默、漫无边际且略显迷幻的演讲,最后宣布:"你们可能已经猜到了这一刻,我决定竞选2020年美国总统!"这显然是个玩笑。泰勒则在致辞中对坎耶的伟大成就大加赞扬:"《大学辍学生》(*College Dropout*)是我12岁时和弟弟在iTunes应用程序上买的第一张专辑。从我记事起,我就是他的粉丝。"她以一段略显俗套但几乎不可避免的台词结束:"所有其他的获奖者,我真的为你们感到高兴,但我要说,坎耶·韦斯特拥有有史以来最伟大的职业生涯之一。我很荣幸将2015年音乐录像带先锋奖颁给我的朋友坎耶·韦斯特!"

第二天,坎耶送给泰勒一束花。泰勒在社交媒体上发布了花的照片,并配文"KanTay2020 #BFFs"(坎耶和泰勒,永远的好朋友)。

然而,2016年2月,坎耶发布了歌曲《颇负盛名》,其中突然冒出一句歌词:"我觉得我和泰勒可能会上床。为什么?因为是我让那个婊子出名的。"更过分的是,歌曲视频中甚至暗示了他与泰勒的性关系,视频中使用了一众名人的人造裸体替身,但泰勒·斯威夫特是唯一一个被性化的攻击对象。这不是旧怨的复燃,而是一场全新的攻击。这一次,公众的立场却完全倒向了坎耶。几周后,泰勒凭借*1989*赢得格莱美"年度专辑奖",在获奖感言中她直面音乐行业的厌女现象,并对"所有的年轻女性"发表了励志感言:"在你们的人生路途中,会有人试图削弱你们的成功,或者窃取你们的成就和声望。"然而,这番话却遭到白眼。公众普遍认为,这一夜依然围绕着坎耶展开，而泰勒似乎是唯一没意识到这一点的人。

坎耶声称，在《颇负盛名》中使用那些歌词之前，他已经得到泰勒的许可。"我打电话给泰勒，跟她聊了一个小时，"他说，"她觉得这些词很有趣，还给予了祝福。"然而，这样的请求听起来很奇怪——谁会为一首骂战歌曲征求许可呢？Jay-Z 和 Nas 会这样做吗？肯德里克和德雷克呢？更不用说，泰勒可没让她的前任预览过任何歌曲。几年后，这通电话的完整音频泄露。泰勒感谢坎耶提醒了她——"你提前告知我，真是太好了"——尽管她听起来也不确定为什么这么说。当被他称赞为"一个好人，一个朋友"时，她感到受宠若惊，甚至有些尴尬。但她的语气始终显得困惑，似乎并不明白为何会接到这通电话。

答案在几个月后揭晓。2016 年 6 月，金·卡戴珊公开了这通电话的部分录像，并在 Snapchat（照片分享应用）上发布了一些经过编辑的电话片段，总时长约 25 分钟。泰勒坚称坎耶从未提及那句有关性的歌词，但这些剪辑片段似乎显示他确实提到过。由此，泰勒被贴上了骗子的标签。金将这些片段称为"证据"，并在社交媒体上用蛇的表情符号给泰勒贴标签。没有人怀疑金的诚信，也没有人质疑她发布的剪辑内容的完整性。（直到后来完整音频泄露，才证明泰勒的说法是准确的。）泰勒对此的回应再次引来嘲讽："我真的希望能被排除在这个故事之外，我从未想过主动参与，自 2009 年以来便是如此。"这番回应不仅未能赢得同情，反而被视为一个糟糕的笑话，甚至让她显得像个笑柄。

金则在《与卡戴珊一家同行》中说："她试图扮演受害者，而这次的效果远不如上次那样奏效。"

2016年，泰勒因为一个更重大的原因进一步失去了公众的好感。当日，她发布了一张自己在投票站排队的照片，并配文："今天就是那一天。出去投票吧！"后面还附上了一个美国国旗的表情符号。

然而，这张照片成为她职业生涯中最惨烈的一次自毁行为。假装自己是唯一一个对竞选双方都无感的公民？这完全没有说服力。人们开始猜测，这是否暗示她支持"让美国再次伟大"，而泰勒似乎故意用暧昧态度撩拨这种猜测——她没有就此做出澄清，也没有明确表明自己的政治立场。泰勒一向有帮助敌人的倾向，而这一次，她似乎将一切都拱手相让了。

那天早上看到这张照片时，我脱口而出："她到底在想什么？"最合理的解释是，她有自己的立场，却不想公开表态。所以大多数人猜测泰勒是支持特朗普的，却又没胆量承认。这种态度不会让她在支持特朗普的"让美国再次伟大"阵营中交到朋友，却让她失去了一些其他的支持者。几年后，她才开始纠正这一印象。照片中的她一脸无所谓的样子，排队等着投票，站在一群白人后面——简直让人感到不寒而栗。

当时希拉里·克林顿得到了所有女性明星的支持，从碧昂丝到爱莉安娜·格兰德，再到玛丽·J.布莱姬、女神卡卡和蕾哈娜。她们毫不在意这是否会损害自己的职业生涯。詹妮弗·洛佩兹带着希拉里登上舞台。麦当娜在选举日举办了一场慈善演唱会。妮琪·米娜发布了一首歌,其中嘲笑特朗普想驱逐她。凯蒂·佩里在纽约贾维茨中心为希拉里的胜利派对准备好了表演曲目。她们谁都不担心会得罪男人。泰勒当时还有机会站出来拿到"迟到的门票"。碧昂丝在最后一个周末站出来,发表了一场精彩的"我支持她"的演讲。或者泰勒可以选择继续回避这个话题,但那张照片让她看起来软弱、幼稚、不诚实。当时,希拉里的胜利看起来已经是板上钉钉的事,但泰勒已经输了,而且输得很惨。

这是她职业生涯中最愚蠢的错误,而那还只是东部时间晚上 9 点之前的事。几分钟后,没有人再想着泰勒·斯威夫特了,或者说,在接下来的一段时间里,人们根本不想再提起她。

那天,泰勒投票支持了希拉里·克林顿,就像大多数美国选民一样。但她的犹豫显得格外奇怪,尤其是对比她在 2008 年对奥巴马的热情支持。当奥巴马胜选时,她满怀激动地表示:"在我的人生中,从未见过我的国家对一个政治决定如此雀跃。我很高兴这是我第一次参与的选举。"她甚至为此创作了一首胜利之歌"Change"(《改变》),歌颂"这场革命"。然而到了 2016 年,她却变得害怕得罪任何人。至于原因,她的父亲斯科特·斯威夫特在《美国甜心小姐》中解释得很清楚。这部纪录片拍摄于 2018 年 10 月。斯科特问女儿:"你为什么要这么做呢?鲍勃·霍普会这样做吗?宾·克罗斯比会这样做吗？米克·贾格尔会这样做吗？"她的母亲安德烈娅则忍不住问了一句："亲爱的，这到底是什么鬼？"她显然不是在与泰勒对话，而是在对整个情况表示困惑。这个问题之所以复杂，还因为她遭遇的争议远远超出了男性名人所面对的状况。没有人会问贾斯汀·比伯或贾斯汀·汀布莱克投票支持谁，也没有人好奇德雷克或乔纳斯兄弟的政治立场。男性名人可以选择中立，而不会因此受到质疑或批评。

坎耶·韦斯特投票支持了特朗普，但在经纪人斯库特·布朗的建议下，他选择在选举夜之后才公开此事。2016年12月，他在椭圆形办公室发布了一张与新总统合影的照片，头戴"让美国再次伟大"的帽子。

一个来自极右翼媒体的荒谬骗局让这场争议进一步复杂化。有传言称泰勒·斯威夫特被白人至上主义者视为英雄。这一消息在互联网上迅速传播，并且几乎没有人质疑其真实性。这个故事的来源是与布赖特巴特新闻网和米洛·扬诺普洛斯相关联的极右翼煽动者米切尔·森德兰，他于2016年5月发表了一篇题为《无法摆脱：泰勒·斯威夫特如何成为纳粹偶像》的文章。

文章声称，有大批白人至上主义者将斯威夫特视为新纳粹的偶像。他宣称"真正的法西斯分子喜爱泰勒·斯威夫特"，但似乎没找到多少证据支持这一说法。他确实追踪到一名"纳粹博主"，但未能发现其他支持者。他甚至对一个名为"泰勒·斯威夫特为法西斯欧洲代言"的脸书群组抱有期待，但最终发现那只是一个玩笑。然而，尽管证据严重不足，他仍坚持认为"斯威夫特的法西斯粉丝"是真实存在的。

奇怪的是，媒体却非常喜欢这个故事。全球各地的记者纷纷认真对待并转发这一消息。接下来的几年里，几乎所有关于斯威夫特的文章都会提到她的"纳粹粉丝群体"。美国全国公共广播电台报道："白人至上主义者将泰勒·斯威夫特称为雅利安女神。"《华盛顿邮报》打趣道："她并不认同自己的新纳粹身份。"到英国媒体报道时，她已经被描述为"狂热的极右翼粉丝群体的偶像，他们将她的金发碧眼和健美体型解读为对雅利安价值观的肯定。"面对这样的指控，斯威夫特选择了保持沉默。这本应是其他人面对类似情况时的明智之举，但对她来说，几乎无路可退。这是一个典型的"你什么时候停止虐待小猫"式的悖论问题。在一个更理智的年代，这样的骗局可能只会在社交媒体上引发一些短暂的嘲笑，几个小时后便烟消云散。但在当时，这一切显得格外荒诞，斯威夫特恰好成为那个时代最"合适"的反派人物。

这会发生在任何一位男性流行明星身上吗？让我们直说吧：不会。

就在宣布支持特朗普的几天后，坎耶试图在 2016 年秋天再次掀起一场 VMA 争端。在萨克拉门托的一场演唱会上，他仅唱了三首歌就突然中止表演，在台上发表了一段长达 30 分钟的长篇大论，矛头直指碧昂斯。（他刚开始唱的歌正是《颇负盛名》。）碧昂斯凭借划时代的专辑《柠檬水》横扫 VMA，包括凭借《集结》（"Formation"）拿下年度最佳录像带奖。坎耶在演讲中指控碧昂斯密谋操控奖项，声称："碧昂斯，我感到很伤心，因为我听你说过，除非你赢得年度最佳录像带奖，否则你不会表演。"他甚至在台上恳求杰斯不要对他动手，声称："我知道你有杀手——请不要派他们来对付我。给我打电话，像个男人一样和我谈谈！"

然而，这场争端没掀起任何波澜。媒体并未给予太多关注，因为碧昂斯选择了无视，这一沉默回应体现了她一贯的智慧——她总是知道在这种情况下怎样做才是正确的。

至于卡戴珊事件中的泰勒呢？你知道的——电话录音、Snapchat 片段、蛇表情，事实证明泰勒的说法完全属实。难以置信，是吧？2020 年，这个故事终于真相大白，那时泰勒的公众声望已经稳步回升，虽然有些迟。最终，未经编辑的金和坎耶的通话录音泄露到网络上，完全证实了泰勒的说法。某种程度上，泰勒保持了几天的冷静与沉默，只是在照片墙上默默点了几个赞——这可能需要极大的自制力（或者一件约束衣）。这种沉默一直持续到周一下午，直到她终于发声："与其回应那些问我对该视频有什么看法的人，不如告诉大家真正重要的事实。这个视频证明了我一直以来的、关于那通电话的说法是真的（你知道的，那是一通非法录制的电话，有人剪辑和操纵了它以陷害我，并让我、我的家人和粉丝在过去 4 年里饱受折磨）……'向上滑动'查看真正重要的事情。"她还附上了一个为新冠疫情受害者筹款的慈善网站链接。

那天晚上，金发布了一系列愤怒的回应。在连续 8 条推文中，她几乎自相矛盾。她宣称："我从未编辑过录像。"紧接着又补充道："我只是发布了几段 Snapchat 视频来证明我的观点。"这听起来真是……很有说服力！她还顺便表达了对新冠疫情的深切关注。

但这一事件早已让公众感到厌倦。相比起这场无休止的闹剧，谈论疫情都显得更有意思。

"与其回应"，从原则上讲，泰勒喜欢这个想法。2024 年，她在专辑 The Tortured Poets Department 中发布了一首新歌"thanK you aIMee"（《谢谢你，艾梅》），再次提及这场争端。为了不显得太隐晦，她在标题中刻意大写了一些字母。然而 8 月，她又将标题改为"thank You aimEe"，以免有人错过她对坎耶的挖苦。这恰好发生在 The Tortured Poets Department 让坎耶的最新专辑没能登顶排行榜的那一周。即便在她已经彻底赢得这场斗争多年后，她仍然不依不饶。如果泰勒是古罗马的皇帝，那她大概会站在迦太基的废墟上，用拉丁文说："哦，还有一件事。"在公众面前被证明清白后，泰勒本可以功成身退，但她选择再次投入战斗。她或许渴望成为那个"与其回应"的女孩，但她注定是"回应"的那个女孩。在她有生之年，这场争端可能都不会让她得到真正的安宁。

20

《名誉》
Reputation

  Reputation 是我第五次在迎接泰勒·斯威夫特的新专辑时心想："希望她能再出一张和上一张一模一样的专辑。"这也是我第五次听完专辑后感叹："幸好她没有听我这种傻瓜的建议。"所有人都以为（甚至害怕）这会是一张充满对名人的暗讽、对以往宿敌的抱怨的专辑。然而，她交出的是一张关于成年人爱情的作品。她这种"抛出诱饵再华丽转身"的手法，堪称艺术。

  在 *Reputation* 中，泰勒把她从前描绘青春暗恋时的细腻笔触，全部用来刻画成年人爱情的日常细节。我最欣赏的一点是，整张专辑的大部分时间里，她努力让自己看起来又冷漠又酷，仿佛是一个真正成熟的"新泰勒"。然而，最终她还是放弃了伪装，狠狠地跳回旧泰勒的怀抱——用力过猛到差点儿扭伤脚踝。我太喜欢"Getaway Car"里的那个瞬间了，她压抑了很久的南方口音突然爆发，电话那头的泰勒歇斯底里地喊出："直到我转向了另一边！另一边！"（Until I switched to the otherrrr side! To the otherrrr si-yi-yide!）而且说真的，我甚至喜欢那场最大的"灾难"——"Look What You Made Me Do"（《看看你们让我做了什么》），因为那是她最竭尽全力、最奋不顾身的一次"声明"。

　　Reputation 是泰勒·斯威夫特又一次大胆的风格转变，它依然延续了 *1989* 的合成器流行乐基调，但更加冷峻、阴郁、锋利。几年后，她在接受《滚石》杂志采访时谈到这张专辑："这是一张关于夜晚的城市景象的专辑。我不想要也几乎没用传统的声学乐器。我脑海中浮现的是废弃的仓库、工业化的画面。我希望整张专辑里没有任何'木质感'。这张专辑中没有木地板元素。"

　　她在单曲里高调宣布："很抱歉，旧泰勒现在没法接电话，因为她死了！"然而，在这张所谓的以"名流"为概念的专辑里，实际上只有两首歌真正围绕这个主题：评价两极分化的主打歌"Look What You Made Me Do"，以及更受欢迎的"This Is Why We Can't Have Nice Things"。专辑整体的电子音效氛围尤其适合城市冬夜。我对这张专辑如此着迷，以至于把它录成了磁带，双面循环播放，然后用随身听听了整整一个冬季。

但这并不符合她当时的人设叙事，也不符合她为这张专辑打造的"名流顾影自怜"的形象。它既不像她亲手埋葬的"旧泰勒"，也没能和她精心打造的"新泰勒"完全契合。唯一的主线就是音乐本身："Call It What You Want"（《随你怎么说》）、"Dress"、"So It Goes..."（《就这样吧》）以及"Delicate"中每一个"是不是？"（isn't it？）构成了这张专辑的灵魂。

Reputation 是泰勒 3 年来的第一张专辑，也是她职业生涯中最长的一次停歇。她对专辑内容守口如瓶，拒绝接受采访，甚至直接放话："我没有解释，只有 *Reputation*。"（几年后，她自嘲道："因为我就喜欢戏剧化嘛。"）人们对这张专辑的预期糟糕到难以形容，从专辑名到封面设计，一切都像是个不祥之兆。黑白色调的封面上，泰勒涂着深色口红，穿着一件肩部有五道缝线（象征她的五张前作）的破旧运动衫，神情疲惫地凝视着堆满她名字的报纸头条新闻。这张专辑似乎注定会是一场令人窒息的复仇游戏。

然后是那些蛇——所有蛇的表情符号，都是对金·卡戴珊的正面回应。这位在美国最受信任的"捕蛇人"，曾将泰勒塑造成一个彻头彻尾的伪君子，而泰勒试图用这张专辑完成一次漂亮的反击。但问题是，这场对决本身就不成立——她和金·卡戴珊既不在同一个行业，也不讲同一种语言。首支单曲"Look What You Made Me Do"不仅成为她职业生涯最受争议的主打歌之一，更让人开始怀疑：泰勒·斯威夫特是不是已经江郎才尽？

"Look What You Made Me Do"里有一句歌词"我不喜欢你的王国钥匙"（I don't like your kingdom keys）让人不禁猜测，泰勒的怒火不仅指向了她最知名的宿敌——金·卡戴珊，而且可能同时暗指她昔日的闺密卡莉·克洛斯。毕竟在公众视角下，她们曾是闺密团里最高调的存在，但到了 Reputation 时代，二人的关系却成了一个谜团。尽管没有确切新闻报道她们友谊破裂，但一个小细节引发了粉丝们的疯狂猜测。在"Look What You Made Me Do"的 MV 结尾，泰勒穿着一件升级版的"Junior Jewels"T 恤——她曾在"You Belong With Me"的 MV 里穿过这件 T 恤——上面写着朋友们的名字。闺密团的"研究学者"们立即投入解读模式，从帕特里克·斯图尔特（名字还被写了两次）到阿比盖尔（她刚在一个月前的婚礼上邀请了泰勒当伴娘），再到赛琳娜·戈麦斯（唯一一个在两件 T 恤上都留有名字的人），名单上的每个名字都成了讨论焦点。

双方似乎心照不宣地对这一变化保持沉默。而就在同一时期，卡莉出现在歌涵（Cole Haan）的广告宣传中，与她的新朋友、超模克里斯蒂·特林顿共同亮相。随后，她在《世界时装之苑》（Elle）杂志的采访中满怀激情地说："我身边围绕着非凡的女性，从我的母亲和姐妹，到像克里斯蒂·特林顿、梅琳达·盖茨和谢丽尔·桑德伯格这样的榜样，还有很多人。"等等……泰勒呢？

泰勒和卡莉的关系起初看起来就像是一出时尚童话。2012 年，泰勒在接受《时尚》杂志采访时大方表示："我爱卡莉·克洛斯！我想和她一起烤饼干！"卡莉迅速在社交媒体上回应："去你的厨房还是我的？"她们的友谊在镜头前看起来亲密无间，不仅穿着相似、走路方式相似，连拨弄头发的动作都如出一辙。她们曾在尼克斯队比赛的场边同步地喝着啤酒，卡莉甚至发过一张海滩照片，标题写着"卡莉爱泰勒"。然而，当"金耶争端"全面爆发后，卡莉选择站在她的经纪人斯库特·布朗一边。这标志着泰勒与卡莉的关系进入寒冬期，她们不再一起现身，也不再互动。2018年，卡莉去看了 Reputation 巡演，那是她们全年第一次出现在同一个邮政编码的地区，最终，二人勉强拍出了一张颇为尴尬的照片，发布到了照片墙上。泰勒穿着黑色蕾丝，轻轻转动手腕，向镜头展示她手上的蛇形戒指。她甚至没有出席卡莉与库什纳家族的两场婚礼。粉丝们立刻开始深挖 Reputation，试图在歌词里找出她们友谊破裂的蛛丝马迹。

2023 年 8 月，卡莉·克洛斯现身洛杉矶时代巡演，见证了历史上最巧合的时刻——泰勒就在那一晚宣布了 1989 (Taylor's Version)。然而，那个曾经在 1989 时代形影不离的"灵魂伴侣"并没有被邀请上台，泰勒甚至没有向贵宾席上的卡莉挥手。为什么？因为这位闺密团曾经的"啦啦队长"，此刻正坐在体育场的高层看台，远远地待在最不起眼的"山顶票区"。接下来泰勒唱了什么歌？"New Romantics"，正是那首关于她用别人砸来的砖块建造城堡的歌。再见了，黛西·梅①。

歌迷们随即在 *Reputation* 的下一首单曲 "...Ready For It?"（《准备好了吗？》）里寻找更多线索。这首歌发布于一周后，歌词中有一句引发了新的猜测："他可以做我的狱卒，就像伯顿对泰勒那样。"（He can be my jailer, Burton to this Taylor.）这是否暗示着她的新恋情？理查德·伯顿和伊丽莎白·泰勒是 20 世纪 70 年代最著名的情侣之一，他们因两次结婚、两次离婚而闻名。相比之下，桑尼与雪儿也才分开一次。伯顿和泰勒轰轰烈烈的跨国恋情持续了整整 13 年，尽管他们基本上互相厌恶。伯顿喜欢叫她"米高梅的平胸小姐"，而她则嘲讽他是"莎士比亚的弗兰克·西纳特拉"②（这显然不是什么恭维）。到泰勒·斯威夫特这个年纪时，伊丽莎白已经有四任丈夫，伯顿则是她的第五和第六任。所以，他俩并不像罗密欧与朱丽叶——他们合作拍摄莎士比亚电影时演的还是《驯悍记》(*The Taming of the Shrew*)。

歌迷们很快将这个线索指向低调的英国演员乔·阿尔文，他在电影《玛丽女王》(*Mary Queen of Scots*) 中饰演伊丽莎白一世的情人。而理查德·伯顿之所以闻名，正是因为他曾因饰演伊丽莎白一世的父亲亨利八世而获得奥斯卡提名。关于乔，人们所知甚少，但有一点

---

① 黛西·梅（Daisy May）是卡莉的一个昵称。——译者注
② 伯顿曾饰演哈姆雷特，轰动整个百老汇。弗兰克·西纳特拉是美国歌手、演员和娱乐偶像，以其迷人的嗓音、魅力和好莱坞式的风流韵事闻名。——译者注

是肯定的——他擅长沉默,而在当时的"泰勒世界"里,这简直是一种稀缺的美德。

尽管如此,*Reputation* 却包含了泰勒最私密的一些情歌,探讨了当你不再追逐爱情,而是开始真正过自己的生活时,会发生什么。与乔·阿尔文低调相爱一年的经历,让她写出了关于长久恋爱故事的歌曲,这些故事的结局也不再是孤单地走回家。歌词里充满了日常的细节,比如洒在浴缸里的酒、用毛毯搭建的堡垒,也提出了一个发人深省的问题:当你关掉手机,不再通过取悦陌生人来定义自己时,生活会变成什么样?

我喜欢专辑里充满攻击性的朋克风格,尤其是"I Did Something Bad"(《为所欲为》)。这首歌彻底释放了车库摇滚的狂野能量,吉他旋律中充满了珍珠酱乐队、洞穴乐队和石庙向导乐队的力量感。当她怒吼着"如果可以,我会乐此不疲"(I'd do it over and over and over again if IIII coooould)时,浑身散发着科特妮·洛芙式的狂野气质。然后是"New Year's Day"(《新年之日》),一个意想不到的结尾:在一整张充满合成器重音的专辑之后,这首安静的钢琴情歌像一股清流,描绘了派对后的清晨,和某人一起扫去地板上的亮片,迎接新一年的情景。只有泰勒能在日历上最不起眼的节日里,找到如此浪漫的意境。她在现场表演时,把这首歌和"Long Live"混合演奏,将青少年时代的热血和成年人的亲密关系无缝衔接起来。

专辑里还增添了令人意外的情欲元素(歌词中第一次出现了

"你背上的抓痕"这样的画面描写),以及泰勒作品中破天荒出现的脏话。在"I Did Something Bad"里,她毫不留情地嘲讽前任:"如果一个男人口不择言,那我对他仁至义尽。"(If a man talks shit, then I owe him nothing.)她的愤怒在 *Reputation* 巡演里得到了淋漓尽致的释放,舞台上满是舞蹈演员、巨大的舞台布景、火焰爆炸装置以及巨型充气眼镜蛇。就像科特妮·洛芙可能会说的那样,她要成为"那个有最多蛇的女孩"。然而,整张专辑里最耀眼的作品无疑是"Getaway Car",它以一段诗意的朗诵开场,直指故事的核心:"葬送了自己的名誉后,她迎来了真正的生命。"(And in the death of her reputation, she felt truly alive.)

这张专辑探讨了一个古老的谜题——为什么人们总会"向美好的东西扔石块",这并不仅仅是名人需要面对的问题。"名誉"这个词频繁出现,但它所指的并不仅是公众形象,而是一种更深层次、更普遍的困境:当你每天沉迷于点赞和好评,不断在镜子里挑剔自己,你的自我会被如何侵蚀。这个主题贯穿了泰勒的整个音乐生涯,从她最早描述高中生活的专辑开始,她就不断在歌唱女孩如何努力摆脱周围的厌女文化。从"Fifteen"到"New Romantics",再到"Lavender Haze"(《薰衣草迷雾》),她的歌曲一直在描绘这种挣扎。她自己也不断发现,这场战斗并不会随着成长而终止。

2017 年夏天,泰勒因诽谤官司出庭做证。这起案件源自 2013 年 *Red* 巡演期间,某个乡村电台的男性主持人在后台合影时伸手摸了她的裙底。那是一幅令人不寒而栗的画面：她面带微笑，努力保持冷静，在镜头前强撑着。但她的内心瞬间凝固，充满厌恶、困惑、恐惧和自我怀疑，她当时站在所有人注视的中心，根本无法退后一步。从她的表情里就能看出她内心的挣扎：这是真的吗？他怎么能在公开场合、在我成为全场焦点的地方做出这种事？

当闪光灯一亮，她立刻反应过来，把他赶出场地，并最终让他丢了电台的工作。于是，这位 DJ 反手起诉泰勒，指责她毁了他的事业。但泰勒丝毫不妥协，反诉他性骚扰，整个夏天都在法庭上度过，而不是像外界期待的那样在游艇上度假。她出庭做证，接受交叉质询，在公众面前说出"我的屁股"这个词的次数比她人生中任何时候都多。陪审团最终支持了她，裁定她胜诉，并给予她象征性的 1 美元赔偿。这不是她想要的夏天故事，但她没有退缩。她真的为所欲为了（She did something bad）。

就像男人总能做到的一样，那个对她性骚扰的 DJ 又找到了一份新工作。他换了一家电台、换了一座城市，甚至连名字都换了。他现在叫"斯通沃尔·杰克逊"，毕竟既然已经恶心到这一步，为什么不干脆用一位南方联盟将军的名字来给自己增加点儿戏剧性呢？他以一个新名字、全新的"名誉"，重新开始了。

Reputation 里有许多精彩的故事，但对我来说，"Delicate"最为动人。"我说这些会不会太唐突了？"（Is it cool that I said all that?）哦，她现在才开始问我们。10 年来，她始终在直白地、毫无保留

地分享自己的人生，而在这首歌里，她将这段低沉的合成器人声告白化作一首既亲密又宏大的情歌。这首歌听起来像是一场冲动的真情流露，实际上，它被精心编排得无懈可击。当她轻声哼唱时，声音逐渐融入旋律，就像她悄然离开，为深夜的邂逅做着准备。当然，还有个额外的细节：泰勒显然对酒吧的规矩一无所知。你不能让你的约会对象去给你调酒，这是调酒师的工作；如果你让对方站在吧台后面，他唯一能做的就是手足无措，你则低头刷手机，看起来一脸无聊。（欢迎来到廉价酒吧的世界，泰勒，你会爱上这里的！）

归根结底，"Delicate"讲述的是一个女孩独自在房间里听到一段电子节拍的召唤，被诱使着走向城市灯光中的大胆冒险。换句话说，这正是流行音乐的全部故事，浓缩在这一首歌里。

21

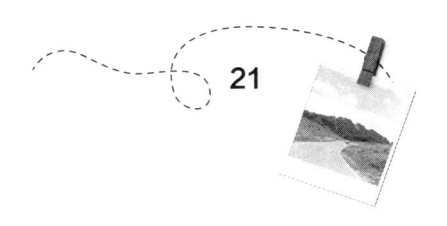

泰勒版本的泰勒版本
Taylor's Version
（*Taylor's Version*）

泰勒·斯威夫特始终坚持兑现那些早已被人忘掉的"威胁"，其中最著名的莫过于她那场史诗级的"泰勒版本"计划——她"节日屋"[①]里无论如何都绕不开的"房间里的大象"。

2019年6月，她的前唱片公司大机器唱片的老板斯科特·鲍切塔把她的母带卖给了她的宿敌——坎耶·韦斯特的经纪人斯库特·布朗。这件事彻底激怒了泰勒，她公开指责称，自己明明有足够的资

[①] "节日屋"（Holiday House）在泰勒·斯威夫特的语境中是一个具有特殊象征意义的地方。泰勒用其隐喻复杂情感、争议话题和有她个人故事的场所。作为一种象征，它代表着她生活中引人注目的争议和被外界关注的焦点。——译者注

金，却连竞标的机会都没获得。鲍切塔和布朗对此坚决否认。

泰勒一直信任鲍切塔。在大机器唱片公司旗下的那些年，她的6张专辑不仅使她成为全球最成功的艺人之一，也为公司带来了巨大的商业回报。但鲍切塔似乎对此并不满意，他在交易后的声明中显得情绪化，布朗在社交媒体上的炫耀更是充满挑衅意味。整个行业都能看出，他们俩几乎是在刻意表现自己如何成功"搞定"了一位不好对付的女性。以这样的姿态谈论一笔收购案，在音乐圈里相当不寻常。

泰勒对此毫不掩饰自己的愤怒，公开发声讨伐。大众一片支持："对！干得漂亮，泰勒！去做吧，泰勒！"然后，她宣布了自己的应对措施：重新录制她的全部6张专辑，从头再来，把自己的音乐重新夺回来。这时候，公众的反应变成了："呃……等一下，泰勒。"

没人这么操作过，这个计划听起来简直毫无道理。为什么要重新制作那些公认完美的旧专辑？难道这位娱乐圈最忙碌的明星没其他事要干了吗？她没有意识到重录那些歌会花掉多少时间和精力吗？整个音乐行业都认为她最终会打退堂鼓，他们坚信这不过是她一时冲动发出的威胁，并没有经过深思熟虑。连一些铁杆粉丝都可能认为，这听起来是个荒唐的想法，泰勒就像一个在牌桌上虚张声势的赌徒。行业内部甚至对此传出几声轻蔑的讥笑。

2020年11月，也就是她宣布"泰勒版本"计划的一年后，《彭博商业周刊》发表了一篇文章，标题直截了当——《泰勒·斯威夫特与斯库特·布朗3亿美元之争的终结》。文章的核心观点很明确：布朗已经将母带转手卖给了三叶草资本，这场争议也该告一段落了。在行业专家看来，故事已经结束，泰勒输掉了这场战斗。她的抗议被指责为"虚伪"，有人认为她不过是在借"艺术家权益"这样一个更大的议题为自己博取同情，而她真正的动机只是私人恩怨。她的威胁被认为不过是个夸张的闹剧——一个女孩因商业纠纷而情绪化地发飙罢了。

尽管《彭博商业周刊》这篇文章主要围绕财务和法律细节展开，但它还是忍不住讽刺了一句："斯威夫特从来不是一个理想的代言人。"

当她发布 *Folklore* 和 *Evermore* 时，重录的计划几乎被人们遗忘。这两张专辑代表了她在音乐上的巨大突破，而她竟然还要回头重录旧作？不可能。她已经迈向更高的境界，站在了事业的巅峰，为什么还会想回头重新录制 *Red* 或 *Fearless*？毕竟，原版没有任何问题。

但她确实这么做了。一张接一张地重录，每张专辑还额外奉上"保险箱曲目"。正如你现在知道的，这个计划不仅在创意层面大获成功，在商业层面也收获颇丰，甚至连她自己（也许？哪怕只有一瞬间？）都未曾预料到如此丰硕的成果。如果她说她能做到，她就一定会做到，泰勒·斯威夫特从不虚张声势。这场战役打得漂亮，她的敌人不仅一败涂地，还丢尽颜面，就像是一群蠢货。SZA 对此评价道："这是我这辈子见过的对现有体制最大的'去死吧'，我彻底服了。"更令人惊讶的是，重录版本甚至比原版更出色——她如今更加成熟的嗓音让这些音乐焕发出新的生命,听众也更偏爱新版。[当然,*Red* 里的"Holy Ground"除外。重录版在混音上出了点儿问题,合成器的嗡嗡声过于突出,掩盖了原版里那令人上瘾的原声吉他的打击感。也许我们得等到"Holy Ground: Taylor's Version of Taylor's Version"(《圣地:泰勒版本的泰勒版本》)了。]

"泰勒版本"已经被载入史册,成为一场由天才策划的辉煌胜利。没有人愿意承认自己当初觉得这是她人生中最愚蠢的决定,尽管在她刚宣布这个计划时,几乎所有人都这么想。这就像鲍勃·迪伦转向电声、斯特拉文斯基首演《春之祭》,或者电台司令乐队推出《小孩A》(*Kid A*),谁会愿意承认自己当初对这些艺术创新发出过嘘声?谁又愿意承认自己曾经觉得这个计划是一次自毁式的灾难,注定成为史诗级的失败?好吧,我就是那个蠢货。我绝不会对你撒谎。当时,我真觉得这个想法是彻头彻尾地浪费时间。我从未相信她会真的付诸行动,甚至从未怀疑过她会放弃。我曾经暗自祈祷泰勒·斯威夫特能改变主意,放弃这个计划,而这种祈祷的效果可能和指望一只独角兽对着我打喷嚏差不多。

然而,当 *Fearless*(*Taylor's Version*)[《无所畏惧(泰勒版本)》]问世,所有质疑瞬间烟消云散。人们的反应从"她不该这么做"变成了"等等,她真的在做这个吗"再到"天哪,如果她没这么做,才是最大的悲剧"。那些曾经主导舆论的痛苦背景故事早已不再是重点。人们不仅沉浸在新旧歌曲的混搭之中,更爱上了这个整体概念：一个步入 30 岁的女人，回头凝望过去的自己。你听到的，不仅是她曾经讲述的旧故事，还有那些她埋藏起来、留待未来分享的部分。"You All Over Me"（《你仍在我心里》）是她 18 岁时写下的歌，主题是"摆脱束缚"。当年她把这首歌埋藏在心底，直到 6 年后她写出"Clean"；又过了 6 年，"You All Over Me"才终于问世。在"Mr. Perfectly Fine"中，她唱道有一个"肆意残忍"（"casually cruel"）的男人，却决定将这句歌词保留，留待更合适的时机，将它融入另一首更好的歌中。

在所有"泰勒版本"的重录作品中，有一个声音细节令我回味无穷。在 Red（Taylor's Version）里，"We Are Never Ever Getting Back Together"的深处，她低吼"Trust me"（相信我）时，多了一丝狠毒。你不禁会想，这是否来源于过去 9 年间，她反复听到男人们要求她"相信他们"时所积聚的愤怒与无奈？

有时，《教父 2》里的一个场景会让我想起泰勒。迈克尔·柯里昂决意在机场枪杀海曼·罗斯——这无疑是个心胸狭窄的举动，罗斯在与柯里昂家族的较量中早已败北。他多年前背叛了他们，如今垂垂老矣，医生说他最多只能再活 6 个月。他即将被遣返回美国，刚下飞机就会被联邦调查局逮捕，然后在监狱里度过余生，但迈克尔仍然坚持要在登机口、在罗斯戴上手铐之前亲自了结他。迈克尔的顾问汤姆·哈根试图劝阻他："这样值得吗？我的意思是，你已经赢了。你真的要把所有人都解决掉吗？"

阿尔·帕西诺饰演的迈克尔一边啃着苹果一边冷冷回答："我不觉得我需要解决掉所有人，汤姆，我只要清理掉我的敌人就够了。"

这正是泰勒的一个核心特质：她的"自我"就是不断修订"自我"。她会继续重写自己的歌曲、重录自己的专辑，回到过去的那个泰勒。有时候，她带着一丝同情；有时候，她会寻求宽恕。她不断以新的视角回望自己的旧故事，就像成年人回看自己的青春，把曾经的感情视为残酷的成长经历，甚至是犯罪现场，或者干脆将昔日的灾难化作宇宙间的玩笑。

这一点，在她的音乐和她长期的风格演变中早已显露无遗，"泰勒版本"不过是她如何不断重塑自己的最夸张例证之一。她不断修订年轻时的自己，不断重写属于她的人生故事。

自我修正并不是什么好习惯。以泰勒最喜爱的浪漫主义诗人华兹华斯为例，他年轻时写出了极具天赋和影响力的作品，但之后又花了整整 45 年反复修改自己的早期诗作，大多是为了纠正神学或道德上的"错误"。然而，这些修订并没有让他的诗歌变得更好。对那些年轻诗人（雪莱、拜伦和济慈）来说，华兹华斯既是他们敬仰的创新者，也是他们最害怕成为的象征——一个创作力枯竭、陷入自我修订泥沼的典型案例。他们最担心的事情莫过于步他后尘，晚年时写出《隐士》这样的平庸之作。（当然，他们最终"成功"避免了这个命运，毕竟他们都英年早逝，华兹华斯则活得比他们都久。）

1805 年，华兹华斯完成了史诗般的巨作《序曲》，但此后他用余生不断修改它，使其逐渐失去了原有的锐度与力量。最终，他的职业生涯迎来了历史上最冷酷的一条文学差评，1814年，《爱丁堡评论》的弗朗西斯·杰弗里一开篇便写下了著名的几个字："这根本不行。"杰弗里遗憾地评论道："尽管我们心怀最真挚的痛苦和不情愿，还是不得不认定，华兹华斯已经彻底脱离为诗歌正名的伟大事业。"他感叹道："长期的隐居习惯和对原创性的过度执念，是唯一能解释这位诗人的品位与天分之间存在如此巨大落差的原因。"这段评论几乎可以直接用来说明为什么"泰勒版本"理应失败，但它并没有。

　　泰勒一直在修改她的歌曲，早在她第一张专辑发布后不久，她便重录了"Picture to Burn"，理由十分充分：删除里面带有同性恋歧视意味的歌词。最引人注目的改动之一则是大家期待已久的"Better Than Revenge (Taylor's Version)" [《不如报复（泰勒版本）》]。在新版中，她将原歌词"她因在床上干的事而远近闻名"（she's better known for the things she does on the mattress）改成了"你就像扑火的飞蛾，而她手握火柴"（you're like a moth to the flame and she holds the matches）。无论你认为原歌词是在"羞辱性自由"还是"羞辱斯威夫特"，这都是一个重大改动，也可以说这种改动削弱了这首歌的力量。首先，"飞蛾扑火"这个老套的比喻恰恰是泰勒年轻时曾竭力摧毁的陈词滥调——2010年的她对自己的创作要求极高，现在让年轻的她唱出这样一个平平无奇的比喻，未免有些廉价。其次，这首歌的核心在于展现一个叙事者戏剧化的内心世界——她极其不讨喜，是个小气、自恋的青少年。取笑她才是这首歌的最大乐趣之一。

尽管如此，你很难责怪一个对自己的作品注入情感的创作者会改变主意。比如，每次演唱《荣耀（以爱之名）》["Pride (In the Name of Love)"] 时，博诺都会把"清晨，4月4日"改为"傍晚"，因为马丁·路德·金遇刺确实发生在傍晚——他现在知道了事实。难道他得为讲了一个不准确的故事而终身负责吗？当然不是。又比如，当莫里西多年后重新演唱《何时才是当下》("How Soon Is Now")时，他做了一个出色的改动，删掉了那句关于孤独与绝望的歌词，现在他唱的是："你走上自己的路／又独自离开／真是个天大的惊喜啊！"我个人觉得这样的改动让这首歌焕然一新，但我也能理解，有人会觉得这破坏了歌曲原有的魅力，或者背叛了他们在青春期时和这首歌建立的情感纽带。然而，没有任何规定要求艺术家得永远唱着那些他们已经不认同的歌词。

从另一个角度来说，这算不算"作弊"？嗯，当然算。那又如何？不断打磨自己的过去，这正是泰勒的风格。如果她不这样做，那才是在背叛过去的自己。

"泰勒版本"完美展现了泰勒无与伦比的胆识，也是她职业生涯中最具象征意义的创举之一。没有人尝试过这样的事情，更不用说连做 7 次。但泰勒的目标始终清晰：夺回对自己音乐的掌控权，捍卫自己的"遗产"，并亲手书写自己人生的历史。

通常情况下，许多老牌艺术家在更换唱片公司后会重录部分经典曲目，以规避旧合约的限制。这类"翻新版"作品往往乏善可陈［比如摩登语录乐队在 1990 年重新录制了他们 20 世纪 80 年代的经典单曲《与你共融》（"I Melt with You"），却失去了原版的魅力］。有时，艺术家会因商业合作而对作品进行改编。仍然是摩登语录乐队，他们甚至曾为汉堡王改编这首歌，将其变成了一首献给皇堡的情歌……这样的行为在行业里通常被视为"不够体面"。更微妙、更优雅的方式是发行现场专辑，这往往发生在艺术家与新唱片公司签下更有利的合约之后。例如，西蒙与加芬克尔在 1982 年推出的中央公园重聚现场专辑，虽然充满感性意味，但正如乐评人罗伯特·克里斯戈所指出的，这更像是一场"公司福利活动"，是作为华纳唱片旗下艺人的西蒙，巧妙地以现场专辑的形式重新录制、重新发行并再次售卖那些被哥伦比亚广播公司控制的歌曲。

然而，低调从来不是泰勒的风格。

最大的问题是，为什么？是什么让她把这么多的时间和精力投入这个项目？重新审视这些故事和情感，对她的成长和蜕变意味着什么？她不仅重新掌控了自己的作品，还展示了她和听众之间持久而深厚的纽带——那些在 2008 年因 *Fearless* 而爱上她的听众，那些在 2021 年和她一起重新探索这张专辑的听众，以及这些年来被她的音乐所吸引的新粉丝。

"泰勒版本"的意义早已超越那场迫使她采取行动的商业纠纷。

实际上，如今与斯库特·布朗有关的背景故事更像是这个宏大创意项目的注脚。这场战役真正的核心是泰勒对创作自主权的坚定承诺，她拒绝让外部力量定义自己的艺术叙事。通过重新录制自己的早期专辑，泰勒不仅夺回了对这些作品的所有权，还以更细腻的方式展现了她的音乐如何随时间演变，以及她自己如何不断地成长与蜕变。

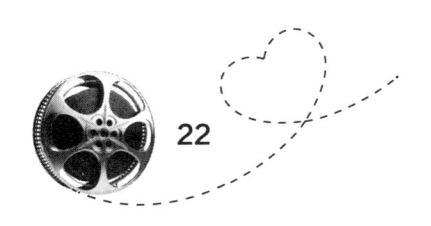

《残酷夏日》
"Cruel Summer"

"Cruel Summer"是一首为某个从未到来的夏天而生的夏日神曲，但它花了好几年的时间才终于获得了它本该拥有的殊荣。它的旅途充满了戏剧性，走出了一条连创作者本人都无法预见的轨迹。2023年，凭借时代巡演和粉丝们的强烈呼声，这首歌终于冲上了电台榜单———一首4年前的专辑曲目最终登上了榜单前十。曾经的"夏日金曲"，终于等到了属于它的夏天。它就像一首偷偷从花园小门溜出去的歌，最终走向了谁也无法预料的远方。

*Lover*发行后，所有人都在问，为什么泰勒没有把"Cruel Summer"选作主打单曲在6月推出？她居然选了"ME!"（《我！》），

而不是这首现成的爆款？"Cruel Summer"显然具备热门潜质——一首与杰克·安东诺夫和圣·文森特共同创作的合成器流行狂想曲。它与香蕉女郎组合1983年的同名歌曲无关，但是同样的歌名背后蕴含着同样的精神。泰勒显然是计划留着这首歌，作为2020年夏天的完美配乐，搭配她计划中的恋人节日巡演。然而，新冠疫情打乱了这一切。一年后，她完全换了方向，发布了 Folklore，"Cruel Summer"则被搁置一旁。这首歌的未来似乎被遗忘了，那个夏天有着不一样的残酷，那个夏天也不是原本的那个夏天。

在短短3分钟内，泰勒融入了众多流行音乐甜蜜而苦涩的主题，从偷偷爬出窗户的秘密幽会，到在车后座的放声大哭。在最初的98秒里，它只是一首完美的泰勒·斯威夫特歌曲。然而，当桥段响起时，她仿佛展示了一张"疯狂的金曲合集"，开始演唱那些她还未写就的歌曲的副歌。她为自己的秘密感到羞愧，却又为这种羞愧感到骄傲，直到她大声喊出那个最难堪的秘密："我爱你，这难道不是你听过的最糟糕的事情吗？"（I love you, ain't that the worst thing you ever heard？）不过，别搞错了，她爱自己的秘密远胜过她爱那个情人。

在时代巡演的开头部分，这首歌占据了重要的位置。那个夏天的每个夜晚，泰勒都会用"Cruel Summer"的桥段点燃全场，她激情地向观众宣布："我们迎来了今晚的第一座'桥'！我希望我们能一起跨过去！"随着巡演热度的节节攀升，这首歌也一路冲上电台排行榜。它成功跻身前十，全年热度不减，最终在下一年的1月强势登顶。

"Cruel Summer"是她终极的"窗户之歌",不仅因为她唱到"在窗外慢慢杀死我"(Killing me slow, out the window)。在泰勒的歌曲中,窗户象征着一种神秘的情欲——她对窗户的痴迷几乎可以用"济慈式"来形容,那是一种不敢堂而皇之走过大门的渴望。从窗户偷溜出去时,她产生一种独特的兴奋感,它是那种在最终到达目的地时已然消失的快感。那些偷偷摸摸的情人选择低调和隐秘,但正是这种隐秘带来了刺激。她迷恋窗户,甚至胜过窗户两侧的任何事物。她唱道"我不想仅仅为了留住你而藏匿秘密"(I don't wanna keep secrets just to keep you),但她依然被门槛、小门、过渡空间及通往禁忌之地的任何入口所吸引。窗户是用来敲响、扔小石头的,是用来躲在窗帘后窥视的,门则是用来忏悔和转变的。她热衷于偷偷溜进花园、婚礼、游艇派对,以及溜到某个人的床上。

她在唱到"那个夏天我每晚都溜进花园,只为了给我的命运盖棺论定"(I snuck in through the garden gate / Every night that summer just to seal my fate)时,充满了令人窒息的兴奋感。摇滚哲学家可能会警告她:"窗户是骗子用的,赢家都走大门。"但她每次都选择窗户,无论窗户的另一边是什么,她都愿意冒险一探究竟。那一刻,魔鬼掷出了骰子,天使则白眼相向。①

---

① 此句引自"Cruel Summer"的歌词"Devils roll the dice, angels roll their eyes"。——译者注

主打单曲
The Lead Single

泰勒的主打单曲已经成为一种独特的传统。当她推出新专辑时，总喜欢先发布一首让人摸不着头脑的主打歌。有时，它甚至会让人气得咬牙切齿，恨不得在地毯上以头抢地。泰勒从不愿意过早揭开自己的秘密，她喜欢误导大家，打乱期待，有时还带着几分恶趣味，挑选整张专辑里最弱的歌作为主打单曲。

为什么她喜欢折腾粉丝？很简单，因为她乐在其中。最能体现这种泰勒式主打单曲风格的莫过于"ME!"，来自她的专辑 *Lover*。她这样做除了因为这首歌不够出色，还因为它以一种极其泰勒的方式炫耀着自己的缺点。

要记住，在泰勒的新专辑中，率先发布的歌曲通常是个异类。这些歌曲往往是一个有关重大主题的声明，更关乎她的公众形象，而非私人情感。比如，*Speak Now* 中的"Innocent"（虽然不是单曲，但她在 2010 年 VMA 上首次表演了这首歌）、*Red* 中的"We Are Never Ever Getting Back Together"、*1989* 中的"Shake It Off"、*Reputation* 中的"Look What You Made Me Do"，以及 *Midnights* 中的"Anti-Hero"。这些歌有的非常出色，但完全不会透露出这张专辑到底是什么样的。

"Look What You Made Me Do"可以说是泰勒最精妙的一个误导。这首歌让所有人误以为 *Reputation* 会是一整张充满名人八卦和讽刺的专辑，实际上，只有几首歌涉及这类内容。（大家松了一口气！）不过，可以说这首歌制造的假象过于成功，以至于即使听完这张几乎全是情歌的专辑后，很多人仍然难以摆脱先入为主的误解。相比之下，"ME!"则显得更调皮，它用"我知道我在电话里像个神经病"（I know that I went psycho on the phone）这样的歌词自嘲了她的公众形象。经历了 *Reputation* 的"黑暗泰勒"时期后，她显然想回归"旧泰勒"的风格，比如描绘"一个男孩在雨中追着她，并呼喊着她的名字"这样带有强烈画面感的浪漫情节。

泰勒挑选主打单曲的灵感来源显而易见，那就是迈克尔·杰克逊的专辑《颤栗》（*Thriller*）。回头看，这个策略可能让人费解，但在 1982 年，当迈克尔准备向全球推出《颤栗》时，他选择的首支单曲竟然是《这个女孩属于我》（"The Girl Is Mine"）。这首歌让人误以为《颤栗》是一张满是甜美抒情曲的专辑，甚至还用了"doggone"（该死的）这样稀奇的词语。连和他合唱的保罗·麦卡特尼都感到困惑，保罗坦言："这首歌确实很浅薄。"[要知道，他可是那个在1972年发布过《玛丽有只小绵羊》（"Mary Had a Little Lamb"）的披头士乐队前成员！] 正因如此，当《比利·简》（"Billie Jean"）横空出世，惊艳全球时，几乎没人料到这张专辑里会有如此震撼的作品，因为《这个女孩属于我》成功地误导了所有人，而这正是迈克尔精心设计的结果。同样，泰勒也喜欢用这种出人意料的方式来制造惊喜。

"ME!"或许是迄今为止最具泰勒式主打单曲风格的一首歌，精准命中了她所有的标志性元素。泰勒的每一首主打单曲似乎都少不了口语化的片段："拼写很有趣"（Spelling is fun）延续了经典的"我觉得，这简直是太——累——了"（I mean, this is ex-HAUS-ting）、"旧泰勒现在接不了电话"（The old Taylor can't come to the phone right now），以及"那边的那位帅哥，头发真帅"（The fella over there with the hella good hair）的传统。这种设计也是她从《这个女孩属于我》中借鉴的策略，因为那首歌最出彩的部分正是迈克尔·杰克逊和保罗·麦卡特尼的对话，比如那句经典的"保罗，我早就告诉过你，我是个爱人，不是斗士！"。值得一提的是，"ME!"的MV中还悄然出现了一个霓虹灯牌，上面写着"Lover"，暗示了当时尚未公布的专辑名称。这正是泰勒一贯擅长的埋"彩蛋"技巧。

"ME!"是她所有曲目中第一首标题全大写并带着感叹号的歌，这对一向喜欢用感叹号的她来说，反而有些意外。在 MV 里，她邀请了惊慌迪斯科乐队（Panic! at the Disco）的布伦登·尤里联手出演，还在刚开场就大胆地用法语喊出："我很冷静！"这一切让这首歌更像是一首儿歌：柔和的马卡龙色调、彩虹，还有第一次出现在她 MV 里的独角兽，甚至连她的新猫本杰明·巴顿也在其中首次亮相。整个视频是一场既充满喧闹又洋溢着迪斯科氛围的视觉盛宴，歌曲内容却乏善可陈。如果你现在再回头听这首歌，你绝对想不到她会在一年后推出 *Folklore*。这种对比真是很让人摸不着头脑。从"拼写很有趣！"到"若我于你已如冢中枯骨，为何现身我的守灵仪式？"（If I'm dead to you, why are you at the wake？）这种风格跳跃，真是一个急转弯。

没有人像泰勒一样如此热衷于精心策划的专辑揭晓过程，在流行音乐史上，还没有哪位流行明星将其如此深刻地融入自己的艺术进程。她从不重复上一张专辑的内容，主打单曲也不会直接透露她的最终意图。当然会有暗示和线索，至于完整的故事？绝对不会轻易揭晓。

我没睡着,我很清醒:《恋人》
I'm Not Asleep,
My Mind Is Alive: *Lover*

在创作专辑 Lover 期间,泰勒接受了眼科激光手术。术后,麻醉药效未退,她仍恍惚迷离,她母亲则用视频记录下了这个滑稽又真实的瞬间。视频中,泰勒在厨房里努力掰下一根香蕉,好不容易成功后,却突然委屈地哭了起来:"这不是我想要的那根!"当母亲接过香蕉时,她更是满脸失落地说:"这根香蕉没有把儿。"随后,她跟跄着回到床上,低声叹息:"有时事情就是不会如你所愿。"如果你本就觉得泰勒难以相处,这段视频大概会是你的首要证据。

她甚至没办法清醒地吃完一根香蕉。当她被母亲抓拍到咬着香蕉打瞌睡时，泰勒立刻矢口否认，坚持说："我没睡着，我的头脑很清醒。"

　　Lover 既是一个 10 年的终点，也是一个时代的起点。如今，它已成为泰勒最受欢迎、销量最高的专辑之一，依然稳居各大榜单前列。不同于其他作品的是，这张专辑从一开始就被设定为"所有人都会喜欢"的作品，它有着粉得耀眼的封面和粉到极致的旋律。这也是她的第一张"夏日专辑"，散发着一种迷幻的马卡龙美学。她的心中充满蝴蝶、彩虹、月光与玫瑰，仿佛是吉米·亨德里克斯歌曲里的花童。在告别 20 岁、迎接 30 岁的过程中，泰勒想把过去 10 年的每一个"自己"都融合到这张专辑里。Lover 复兴了人们以为她不会再写的乡村情歌，融入了她拿手的电子迪斯科和流行乐的光泽，也涵盖了慢摇舞曲、深情的内省、自信的女性主义怒吼、南方口音、英式口音和绝妙的创意，当然，里面也少不了一些糟糕的点子。她甚至展现了她标志性的"冰箱灯"嗓音——我最喜欢的"泰勒声音"之一。

　　粉丝们对主打单曲"ME!"恨得咬牙切齿，但一周后，她发布了"The Archer"和"Lover"，迅速展现了她音乐的多面性。如果要和王子来比较，Speak Now 是她的《1999》，Red 是她的《紫雨》，Reputation 是她的《游行》，那么 Lover 就是她的《时代印记》，一张包罗万象、融合所有才华的专辑。① 在 Reputation 之后，听她如此刻

---

① 《1999》《紫雨》《游行》（Parade）和《时代印记》（Sign o' the Times）均为王子的专辑。——编者注

意地迎合所有人，多少令人感觉有些奇怪，但她也渴望一次行业内的胜利。*Lover* 是为电台、商店和颁奖季精心打造的作品。她特意调整了发行时间，以赶上格莱美提名的截止日期，最终这种妥协却一无所获。（尽管 *Lover* 是 2019 年最畅销的专辑，但它仅获得了一项格莱美提名，和感恩至死乐队、艾伦·帕森斯实验乐团以及吉米·卡特的提名数量相同。）

在专辑发布前不久，她甚至带着高中好友阿比盖尔·安德森（"Fifteen"中提到的那位）一起参加了一场盛会，这也像是一种呼应，将人们的记忆瞬间拉回到 *Fearless* 时代。

Lover 是泰勒的"土星回归"[①]专辑，标志着她迈进了新的 10 年。许多伟大的词曲创作者在即将迎来 30 岁时都会变得更加内省，比如《低》（*Low*）时期的大卫·鲍伊、《献给玫瑰》时期的琼尼·米切尔、《织锦画》时期的卡萝尔·金，以及《美丽专辑》（*The Belle Album*）时期的阿尔·格林。对一个在爱情的跌宕起伏中成长的人来说，*Lover* 关注的核心不是"爱而不得"的痛苦，而是"处在爱情中"的状态，而这恰恰是一个更难以书写、更令人不安的主题。"Cornelia Street"无疑是泰勒最出色的作品之一，它与"Holy Ground"讲述了相似的故事：一个纽约女孩被这座城市包围，身边的一切都让她想起那个爱人，一个在他离开之前她就已经开始怀念

[①] 占星学认为，土星在其轨道上运行约 29.5 年后，会回到一个人出生时所在的位置。此时被视为从青年过渡到成年的关键时期。——编者注

的爱人。然而，在"Cornelia Street"里，那个充满魔力的"第一天"已经不复存在。这一次，她试图紧紧抓住爱情，让它变得无比真实。在整首歌里，她始终在问："当你真正踏足这片净土并在其中生活时，如何才能让它保持神圣？"

在 Lover 中，她始终与那个年轻的自己保持着联络，关照着那颗"借来的、蓝色的"心。"Miss Americana & the Heartbreak Prince"（《美国甜心小姐和心碎王子》）让人回想起 Fearless 时代的高中岁月，而"Daylight"则以成熟的视角重新诠释了 1989 里的青春浪漫。那个曾让母亲在一条街以外停车等候她派对结束的女孩，如今已经会开车送母亲去医院了。在专辑同名曲"Lover"的开头，她就骄傲地展示出自己的自由与随性，甚至炫耀自己会把圣诞彩灯留到 1 月才拆——留了整整一周。然而，在这首歌的最后，当她用"每一道被琴弦刻下的伤痕"宣誓永恒的爱时，她真正拥抱的灵魂伴侣却是她混乱、矛盾而炽热的自我。

一个让我反复回想的"恋人时刻"，是这首专辑同名曲的 MV。"Lover"中有太多美好的画面：一对热恋中的情侣、一场幸福的婚姻、一顿精致的晚餐，还有一个圣诞节的清晨。所有这一切都发生在一个雪花球中，这正是她 16 岁时在"Mary's Song"（《玛丽之歌》）中唱到的那个雪花球，那是她 10 多年前写的另一首关于永恒爱情的抒情歌曲。

恋人们在餐桌边依偎在一起。然而，我每次看这支 MV，总会被那盘蔓越莓酱分散注意力。这对幸福、相爱的情侣正在享用一顿浪漫的晚餐,搭配的是意大利面……和蔓越莓酱?天啊,为什么这张餐桌上会有蔓越莓酱?他们貌似并不喜欢它,甚至都没碰过它。它就那样孤零零地摆在那里,保持着果冻罐头刚倒出来的完整形态。谁会在意大利面上搭配蔓越莓酱啊?

但这就是泰勒,她脑海里的奇思妙想和她的决策方式总是那么出人意料。事实上,这顿晚餐的一切都让人摸不着头脑:一碗樱桃和一张放着煎蛋的比萨?然而,泰勒和她的爱人对此毫不在意,他们只是沉醉在彼此的目光中。(她甚至被对方关于沙拉酱的冷笑话逗得分了心。不得不说,这个笑话还挺不错的。)或许,这正是泰勒试图传达的意境;或许,那盘蔓越莓酱象征着真正的爱情;或许,爱情不一定要燃烧得炽热如红色,也不一定要璀璨如金色;或许,最真实的浪漫就是一盘被遗忘的蔓越莓酱,静静地摆在餐桌上,而你甚至没有察觉它的存在,因为你已经深深沉浸在爱里。

这对恋人迷失在他们的梦境里,他们忽视了晚餐,也忽视了那盘蔓越莓酱。他们沉浸在自己的世界里,对外界的一切全然不觉。在别人眼里,他们可能显得有些荒唐,但他们并未沉睡,他们的头脑清醒而炽热。

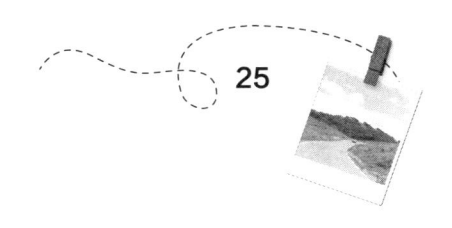

《民俗故事》
Folklore

　　是什么让 *Folklore* 成为她最好的专辑？不仅仅是因为"August"，也不仅仅是因为"Mirrorball"。因为当这张专辑里的歌曲随着时间推移而与你的生活交织在一起时，它们会不断演变，呈现出新的层次和意义；因为她在这张专辑里虚构了她最复杂、最迷乱的宇宙，让人一步步沉溺其中。在"This Is Me Trying"（《我努力了》）里，她用一句简洁有力的"我对此有很多遗憾"（I have a lot of regrets about that）轻描淡写地化解绝望。在"The Last Great American Dynasty"里，当钢琴前奏响起，你会不自觉地竖起耳朵，意识到这张专辑里最接近"轻松点缀"的曲目竟然是一首关于孤独寡妇的歌：当派对的宾客喝光香槟、尽兴离去，她只能独自徘徊在夜晚海滩的岩石间。

是"Illicit Affairs"（《不伦情事》）里的吉他，是"Seven"里的弦乐，是"The Lakes"那场如华兹华斯诗句般的浪漫之旅，在"New Romantics"之后6年，她选择走向"旧浪漫"。是歌词"All I do is try, try, try"（我所做的只是尝试，尝试，再尝试）里那三个反复叠加的"try"，是她一贯书写的秘密幽会和隐秘情感在疫情的背景下焕发出全然不同的触动——渴望陪伴的羞愧感仿佛一道猩红的烙印深刻在心中，是她以一张专辑轻松超越了她整个喧嚣的20岁。但最重要的，或许还是"August"结尾那个令人雀跃的瞬间：当你以为这首歌终于要结束了，她似乎会昂首离去，驾车远行，她却还是忍不住回头，再喊一声："上车！"（Get in the car!）好吧，也许真的是因为"August"。

Folklore 诞生于一个孤立无援的时代。"我大部分时间是靠喝红酒和每天疯狂看700小时电视撑过来的，"泰勒说，"但我也创作了 *Folklore*。"因为原定于夏天的恋人节日巡演被取消，她得以全身心投入这场秘密的音乐实验。大部分歌曲以原声吉他和钢琴为主，由国民乐队的亚伦·德斯纳和她的长期搭档杰克·安东诺夫联手制作。整个制作过程中，三个人都不在一起，而是远程协作完成了这张专辑。她暂时放下了自己所习惯的生活和身份。"我不仅仅是一个千禧世代的女人，还是一个维多利亚时代的幽魂，在茶渍浸染的羊皮纸上用羽毛笔奋笔疾书，周围烛光摇曳。"

2020 年 7 月 22 日清晨，我醒来时收到了泰勒团队的消息：一张突如其来的专辑即将发布。我不停地循环播放这张精彩绝伦的专辑——这是她迄今为止最激烈的一次音乐转型。她拿起了原声吉他，呈现出一种纯粹的哥特民谣风格，同时展现了她最具雄心的叙事手法。她在序言里解释道："在隔离期间，我的想象力肆意驰骋，这张专辑就是结果——一系列如意识流般涌现的歌曲和故事。拿起笔，是我逃向幻想、历史与记忆的一种方式。"我连续听了整整 18 个小时。所有这些忧郁的民谣，所有这些迷失、受困、破碎的角色，这简直是一整张由"第五首歌"组成的专辑。最令我震撼的是，这张专辑里充满了被社会遗忘的女性：被指为女巫的异端者、在寂静中老去的寡妇、在废墟里游荡的疯女人……她们或徘徊于鬼屋，或隐匿于阁楼。

像许多人一样，在疫情那年，我和这张专辑度过了一段特殊的时光。（当时谁也没有料到，5 个月后它会迎来一张姊妹专辑。）泰勒甚至发行了磁带版的 *Folklore*——它在磁带上听起来格外迷人，尤其是第一面的最后一首"This Is Me Trying"。当音乐渐渐淡去，磁带戛然而止的"咔嗒"声更显动人。我找到一个特别适合听它的地方：在北布鲁克林一片隐秘的河岸角落，一家污水处理厂后面的石头上。那里人迹罕至，因为它是个污染严重的垃圾场。但对我来说，那是一个隐秘的避风港。我坐在那儿，看着鸭子缓缓划过被污染的河面，看着夕阳将斑驳的水波染成浑浊的橘红色，跟着 *Folklore* 哼唱，感受那些格格不入的人物和被遗忘的灵魂。夕阳映照着曼哈顿的剪影。这也许不是最浪漫的听歌地点，却是这些歌曲最理所当然的归属。

Folklore 是一张连那些原本对泰勒·斯威夫特毫无兴趣甚至不喜欢她的人都不得不为之折服的专辑（尽管他们后来又重拾了对她的厌恶）。作家肖恩·豪曾提出过"Nebrasterisk"的概念，指的是某个备受争议的艺术家推出了一个连怀疑论者都能欣赏的作品。这张专辑可能在其过往的作品目录中显得格格不入，却吸引了那些原本不是粉丝的群体。最经典的例子莫过于布鲁斯·斯普林斯汀的《内布拉斯加州》（*Nebraska*），这张风格极简的原声专辑是他在厨房里用四轨录音机录制的。那些曾经对斯普林斯汀及其狂热粉丝嗤之以鼻的文青，却对这张专辑另眼相看。就算喜欢它，他们也不必担心被贴上"粉丝"的标签。（"我不喜欢斯普林斯汀，但是……"）类似的例子还有 U2 乐队的《注意宝贝》（*Achtung Baby*）、滚石乐队的《在大街上流浪》（*Exile on Main Street*）、德雷克的《你看到时已经太迟了》（*If You're Reading This It's Too Late*）、涅槃乐队的《子宫之中》（*In Utero*），以及 AC/DC 乐队的《重返黑暗》（*Back in Black*）。*Folklore* 正是泰勒的"Nebrasterisk"，它如此特殊，以至于人们可以摒弃对她的偏见，单纯欣赏这张专辑。换句话说，喜欢这张专辑变得毫无压力，因为它可以被视为一次"偶然之作"。

因为泰勒认为巡演中用不上这些歌，她干脆放弃了所有迎合电台、引发欢呼和适合在体育场表演的曲目。她只是泡了杯咖啡，坐在钢琴前，让思绪流连于幽暗之地，任凭虚构的角色讲述他们的故事：一个丑闻缠身的老寡妇，受尽整个小镇的冷眼；一个胆怯的 7 岁女孩和她历经创伤的好友，梦想着一起逃跑去当海盗；一个在葬礼上注视敌人的幽灵；一个康复中的瘾君子；一个笨拙青涩的少年。"Cardigan"、"August"和"Betty"这三首核心曲目描绘了同一段三角恋，只不过分别从三位当事人的视角出发。其他歌则成对出现，比如"The 1"（《唯一》）和"Peace"（《平静》），或者"Invisible String"和"The Lakes"，它们之间相互映照，讲述了故事的不同侧面。"This Is Me Trying"又是一则令人不安但充满智慧的寓言，讲述了一个人只要倾诉心声，就能避免喝掉更多的威士忌。

Folklore 产生的一个意想不到的影响是，它让我不断回到 *Reputation*。我总是将这两张专辑轮流播放，在精神层面，它们几乎是完美的双胞胎。作为泰勒最极端的两张专辑，它们都以黑白封面示人，彩虹般的 *Lover* 则介于它们中间。[就像王子的《时代印记》介于《游行》和《黑色专辑》(*The Black Album*) 之间。] 这是她第一张完全听不到笑声的专辑，没有乡村风格，没有初次约会的故事，也没有"泰勒探访某座城市"的轻快旋律。虽然她过去涉足过类似的音乐，比如 2012 年与内战乐队合作为《饥饿游戏》电影原声带创作的"Safe & Sound"（《安然无恙》）。但相比之下，*Folklore* 更加纯粹，也更加极端。在"This Is Me Trying"里，许多歌词都可以被刻在墓碑上——只不过可能需要三四块墓碑才能刻完。"我走得太超

前,以至于弧线变成了球面"(I was so ahead of the curve, the curve became a sphere),这简直是数学上的炫技。泰勒曾说,每当她唱"Mad Woman"(《疯女人》)时,她都会露出一种自称为"民谣凝视"(FolkGlare)的表情,而这道锐利的目光似乎浮现在 Folklore 的每一首歌里。

你得花上好几年的时间,才能厘清这些精妙交织的叙事细节。"Mirrorball"的主角仿佛是"New Romantics"里那个在舞池里伪装自己、试图融入的女孩,6 年后,她成了映射所有人焦虑与不安的迪斯科灯球。"Illicit Affairs"则是一个关于秘密与背叛的故事,描绘了一对地下情人在停车场相会。(这难道不是 Fearless 里那个停车场吗?)在这张专辑里,泰勒笔下的人物横跨不同年龄:有老人,有孩子,有青少年。而在"The Lakes"中,她追随浪漫主义诗人华兹华斯的足迹,漫步于湖区温德米尔峰的山间,与柯勒律治一同徘徊。毕竟,正是华兹华斯开创了泰勒如今所擅长的那种自省式写作。

但"青少年爱情三部曲"是整张专辑的核心:詹姆斯、贝蒂和奥古丝塔(加上重要的配角伊内兹)。这些歌曲从不同的视角讲述了同一段恋情。"Betty"是泰勒第一次明确地从男孩的视角进行创作,当然,这也意味着詹姆斯花了不少时间来道歉。有趣的是,他的第一句台词是:"贝蒂,我不会妄加揣测⋯⋯"("Betty, I won't make assumptions...")当她切换到一个明确的男性叙述者视角时,她最先想到的男性特权竟然是"可以随意进行揣测的权利"。这是一首精心设计的"锈带摇滚"长篇之作。"Betty"甚至以布鲁斯·斯普林斯汀的《雷鸣之路》中的一段经典口琴独奏开场——那首歌本身就是一段关于男孩、女孩与汽车的经典叙事,开头正是那扇猛然关上的门的声音,这和泰勒"Our Song"里故事的起点遥相呼应。在这个故事里,她既是这三位恋人,又不是他们。高潮处,詹姆斯现身在贝蒂的派对,准备恳求她的原谅。[詹姆斯是不是在车里听了 1989?因为他完全按照泰勒在"How You Get the Girl"(《俘获芳心》)里的指南行动,而且奏效了:他们站在门廊上,在她那些愚蠢的朋友面前,亲吻了。]

但对我来说,这个故事里的英雄是奥古丝塔。尽管泰勒在歌词中甚至没有提到她的名字——无论贝蒂和詹姆斯对彼此的渴望多么炽烈,奥古丝塔始终比他们俩更酷。在她的现场专辑 *Folklore: The Long Pond Studio Sessions*(《民俗故事:长池录音室现场》)里,泰勒透露了这个角色的名字:"我在脑海里一直叫'August'里的女孩'奥古丝塔'或者'奥古斯丁'。这只是我在心里为她取的名字。"她会是浪漫主义诗人奥古丝塔·莉,也就是拜伦勋爵的妹妹吗?这个联想恰好能与"The Lakes"中那种 19 世纪的诗意氛围相呼应。

在泰勒的叙事中,贝蒂最终回到了詹姆斯身边。虽然贝蒂赢得了男孩,但奥古丝塔赢得了这首歌。对她来说,这就是胜利。三角关系的终章落在奥古丝塔的身上,她留在了商场外的停车场,依然坐在车里,但她让这个商场背后的停车场听起来像是全世界最浪漫的逃生之地。

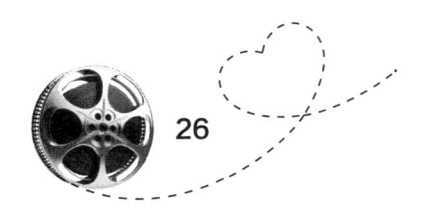

《迪斯科灯球》
"Mirrorball"

"Mirrorball"是一首轻柔得有些弱不禁风的吟唱。我最喜欢的版本是泰勒在 2020 年 11 月的现场专辑 *Folklore: The Long Pond Studio Sessions* 里演唱的那一版。在唱这首歌之前,她先设定了一个场景:"我脑海中浮现出孤单的迪斯科灯球、闪烁的灯光、霓虹招牌、吧台边喝啤酒的人,还有舞池里几个落单的身影。就像身处一个从未踏足过的小镇,那是一种被悲伤和月光笼罩的孤独体验。"

"从未踏足过?"别扯了,有些人去酒吧简直是家常便饭一样。但她勾勒出的这个充满忧伤的酒吧场景,与保罗·韦斯特伯格在替代者乐队的歌曲《摇摆派对》("Swingin Party")中描述的那种孤独暗合，而那正是关于迪斯科灯球的最佳歌曲。在这首歌里，她将自己化身为悬挂在舞池上空的迪斯科灯球，俯视着舞池里的人们，疑惑着为什么每个人看起来都如此尽兴，又好奇那究竟是种怎样的感觉。她反射着所有人试图掩饰的不安，仿佛仍然身处"New Romantics"里的那个俱乐部，但是从完全不同的角度去体验，结果越发脆弱无助。这是一首谨慎而低调的抒情曲，描绘了一种矛盾的状态：既觉得自己过于刺眼、过于嘈杂，仿佛所有人的目光都在审视自己的缺陷，又感到自己透明到仿佛无人在意。

"Mirrorball"的这个版本来自《长池录音室现场》，这是 *Folklore* 发布 4 个月后她推出的音乐纪录片。她与亚伦·德斯纳和杰克·安东诺夫首次同处一室，演奏这些歌曲。录制地点在国民乐队位于纽约哈得孙河谷的长池录音室，这是一间深藏于树林中的、简朴的小木屋。她解释了"Mirrorball"在隔离期间诞生的经过："得知我的所有演出都被取消后，我写下了这首歌。我当时想：'我还是每一步都如履薄冰，我还在竭尽全力让你们因为我而笑出来。'"

在一个感恩节的周末，她第一次播放了《长池录音室现场》。大多数美国家庭（包括我家）因疫情而被迫分隔两地。当时，距离那个温馨的"法兰绒感恩节"（也就是她写下"All Too Well"的时候）刚好过去了 10 年。如果你没注意到这种时间上的巧合，那她在录制期间穿着的格子衬衫或许能暗示一二。她和两位吉他伙伴迷失在纽约州北部深秋的森林中，周围是随风飘零的缤纷落叶。她沉浸在乡村的氛围中，和朋友在门廊上或谷仓旁的院子里聊天。尽管这是一个令人压抑的假期，她却在这些忧郁的歌曲中找到了慰藉。"当封控开始时，我感到无比失落无助，而那只是封控开始后的第三天。"于是，她坐下来写歌，这些旋律就这样喷薄而出。这些作品诞生于隔离期间——或者像她的朋友保罗·麦卡特尼所说的"摇滚封锁"时期。"那时生活里充满不确定性，总会引发无尽的焦虑，"她说，"结果证明，大家都需要大哭一场——我们也是。"

"Mirrorball"带着 Reputation 里电子抒情曲的温暖包裹感，却又弥漫着一种微妙的、不安的颤抖。这种绝望情绪和"This Is Me Trying"里她所歌唱的挣扎如出一辙。这是 Folklore 里另一首"我想让你知道"的歌，也是另一首关于"尝试—尝试—再尝试"的歌。"在 Folklore 里，有许多歌彼此呼应，或是在歌词上形成平行关系，"她在录音室里说，"我喜欢的一个例子是'This Is Me Trying'整首歌，它后来又在'Mirrorball'里得到了延续。"德斯纳和安东诺夫在吉他上自由发挥，精准地营造出了那种"黑暗中的彩虹"般的氛围。

然而，《长池录音室现场》的魔法仅仅持续了几周，因为她随后发布了 Evermore。因此，这首歌在"Folkmore"（"永恒民谣"，Folklore 和 Evermore 的合称）的故事中显得有些格格不入——它游走在两张专辑之间，却不属于任何一方。"Folkmore"里所有心碎的角色都是这个迪斯科灯球的不同侧面，而它们都在闪耀着自己的光芒。

《玛乔丽》
"Marjorie"

2020年12月,泰勒·斯威夫特发布了 Evermore,这张专辑是 Folklore 的姊妹篇,令人感到意外和惊喜。泰勒说:"简单来说,我们就是没法停止创作。如果用更诗意的方式来说,这就像我们站在'民谣森林'的边缘,面前有两个选择:要么转身离开,要么更深入地走进这片森林。我们选择了后者。"

Folklore 发布短短5个月后,Evermore 横空出世。仅在几周前,泰勒通过《长池录音室现场》重新阐释了 Folklore 里的歌曲。Evermore 里的"Happiness"甚至是在专辑发布前一周才创作完成的。作为 Folklore 的姊妹专辑,Evermore 延续了其中的一些故事。比如，她和国民乐队的马特·伯林格合作的那首"Coney Island"，就像是在讲述"August"里的女孩离开了她的小镇，忘记了詹姆斯和贝蒂，搬到了纽约，遇到了一个文艺青年，幻想着在这座古老而巨大的城市里一切都会不同。但最后，她发现自己又一次陷入同样的纠葛。你已经是成年人了，他们还是认为你一无所知。

像 *Folklore* 一样，*Evermore* 尽情地宣泄情感，讲述着一个个关于爱与失落的鬼故事。整张专辑最令人心碎的时刻毫无疑问是"Marjorie"，它不仅是这张专辑的核心，还把她最钟爱的主题"爱、死亡和悲伤"编织成了一个动人的故事。这是泰勒有史以来创作的最优秀的作品之一，也是她作为叙事者的一个新巅峰。"逝去的并未真正消亡"（What died didn't stay dead）正是这首歌的点睛之笔。

泰勒和亚伦·德斯纳共同创作了"Marjorie"，以此致敬她现实生活中的外祖母玛乔丽·芬利——一位已于 2003 年去世的歌剧演员。在发布这张专辑时，泰勒曾说，这是一张"以我的外祖母玛乔丽为主角的专辑，她有时还会来看我……即便只是出现在我的梦里"。在歌曲的结尾，她引入了芬利的声音。当她唱到"如果我不知道真相 / 我会以为你正在对我歌唱"（"If I didn't know better / I'd think you were singing to me now"）时，玛乔丽的女高音响起，与泰勒的嗓音交织在一起。

就像 *Evermore* 是 *Folklore* 的姊妹专辑，"Marjorie"也是"Epiphany"（《顿悟》）的姊妹歌曲。"Epiphany"是一首沉静的抒情曲，讲

述了她的祖父迪安二战期间在瓜达尔卡纳尔岛的作战经历。（和"Epiphany"一样，"Marjorie"被安排在专辑的第十三首。）迪安是她父亲的父亲，而芬利是她母亲的母亲。在这些歌曲中，他们被赋予了永恒的生命。这些歌曲诉说着一件事：随着年龄的增长，我们会愈加深刻地感受到和那些已经逝去的亲人的联系，体会到祖先的精神如何深深地根植在我们的骨血之中。

泰勒制作了一个由家庭影像混剪的视频。在镜头前，玛乔丽看起来十分放松，蓬松的发型和亮眼的唇色尽显优雅。其中一个片段是她和年幼的泰勒坐在钢琴凳上，当时泰勒还只是个蹒跚学步的孩子，但玛乔丽已经开始指导她如何把手放在琴键的正确位置上。玛乔丽·芬利是一位受过古典训练的音乐天才。她在孟菲斯长大，并加入了密苏里州墨西哥城的高中合唱团。她在大学时主修音乐，在1950年赢得了一场才艺比赛，并因此登上了广播节目《与女孩们一起歌唱》。玛乔丽的事业在波多黎各起飞，她和丈夫在离开哈瓦那之后就定居在那里。她曾与波多黎各交响乐团合作，并在圣胡安的加勒比希尔顿酒店演出。她还主持了自己的电视节目。你在视频中可以看到，她家乡报纸的一篇报道引用了她的话："我的西班牙语糟糕得令人发笑，但观众很喜欢看。我成了节目主持人中捧哏的角色。"

泰勒也走上了音乐的道路，创造了玛乔丽梦寐以求却未曾实现的音乐人生。但很遗憾，玛乔丽没能亲眼看着泰勒成为巨星。正如泰勒在歌中唱的那样，玛乔丽去世时留下了"积压着梦想的衣橱／而你把那些都留给了我"("All your closets of backlogged dreams / And how you left them all for me")。

这首歌的力量感来源于泰勒低沉而克制的嗓音与暗流翻涌的电子律动的鲜明对比,这是向史蒂夫·赖克的《为18位音乐家而作的音乐》(Music for 18 Musicians)致敬。(布赖斯·德斯纳编排了这首歌,用老式合成器和弦乐营造氛围,美好冬季乐团的贾斯廷·弗农则负责了背景和声。)"我本该问你的,"泰勒唱道,"我本该问你如何做到这一切 / 让你为我写下答案 / 我本该保存每张杂货店的收据 / 因为属于你的每个痕迹终将被时间夺去。"(I should have asked you questions / I should have asked you how to be / Asked you to write it down for me / Should have kept every grocery store receipt / Because every scrap of you would be taken from me.)泰勒让这位来自小镇的"女神"外祖母成为她一直渴望成为的那个明星。(在另一份家乡报纸的剪报上,记录着芬利曾说:"我父母总是阻止我去晚餐俱乐部演出,我只有在向他们保证'这是非常高雅的表演'之后才能获得准许。")

Evermore 发布当晚,泰勒在网上回复一位粉丝:"我有大约50句最爱的歌词,但我现在最喜欢的是这句:'永远不要善良到忘记什么是机智,永远不要机智到忘记什么是善良。'(Never be so kind you forget to be clever. Never be so clever you forget to be kind.)" 这是她的外祖母曾给她的建议,她希望成年后的自己能从这位睿智的

女性身上学到更多东西。但这同时也饱含着悲伤——这件事她永远也做不到，这个故事也永远没有结局。[即使专辑中有一首歌名为"Closure"（《了断》），一个最不"泰勒"的概念。]

正如 Folklore 和 Evermore 中的许多歌曲一样，"Marjorie"讲述了和记忆共存、从逝者身上学习，以及在悲伤中艰难前行的故事。在发布 Evermore 时，泰勒说："我想在我 31 岁生日的那周给大家一个惊喜。我也知道，今年的假期对我们大多数人来说将会是孤独的。如果你们有人像我一样，想要通过音乐来疗愈对所爱之人的思念，这张专辑便是为你们而作的。"Evermore 是一张真正意义上的"节日专辑"，它不仅有"'Tis the Damn Season"这样的冬日曲目，还在一个充满孤独和恐惧的寒冬里发行。"Marjorie"成为时代巡演的亮点之一，当泰勒演唱时，外祖母的声音通过音箱响彻全场。"她一定会很喜欢在大都会体育场演唱，"在新泽西演唱完这首歌后，泰勒说，"从技术上来说，她刚才确实做到了。"

在这张专辑里，泰勒唱道："我的思绪将你的生命化为传说 / 我不敢再梦见你哪怕片刻。"（My mind turns your life into folklore / I can't dare to dream about you anymore.）但在 Folklore 和 Evermore 里，把我们所爱之人的生命变成民谣，正是我们延续他们生命的方式，这样他们的爱就像民谣一样传承下去。"Marjorie"关乎与逝去的人建立心灵的联系，努力倾听那些他们一直想告诉你的故事。这首歌关乎紧紧抓住回忆，这样回忆也能紧紧抓住你。

28

《就在你弃我而去之处》
"Right Where You Left Me"

"Right Where You Left Me"讲述的是泰勒独自一人坐在餐厅的角落，一次次地重温那些她人生中最糟糕的时刻。那是一个让她心碎的地方，一切都发生得太快，坐在对面的男孩告诉她，他要离开她去找别人。那是一幅不怎么美好的画面：泪水晕开了妆容，伴随着玻璃碎裂的声音。那是很久以前的事了，但她依然困在那个瞬间，被过去束缚。所有人都继续前行了，只有她独自留在那里。

她能听到其他桌上人们的窃窃私语。"你听说过那个被困住的女孩吗？"他们相互询问。"她还停留在23岁，沉浸在她幻想的完美生活中。"每当她在歌里痛苦地呐喊"你抛弃了我！不！"时，她的声音听起来越发绝望,而背景是亚伦·德斯纳那紧密的班卓琴旋律。这段旋律像是在不断催促她逃离,但她无法动弹。这是泰勒唯一一首真正在"呐喊求助"的歌——而且呐喊了两次。它是一种震撼人心的声音,令人不安却直击灵魂。

"Right Where You Left Me"是 Evermore 的一首特别版加曲,10年前,泰勒在歌里唱着"22 岁的感觉",这首歌则是关于被困在 23 岁的终极表达。这是整张专辑中节奏最强烈的一首歌,反复循环的旋律带着近乎强迫症般的执念,这也正是它听起来很适合改编成金属风格的原因。它被安排在专辑的尾声,你经历了一个小时的情感起伏后才会听到它。在主题曲那肃穆的钢琴音符之后,你可能以为接下来该是拿一条毛毯、一只枕头和一杯花草茶的时候了,但事实远非如此,等待你的还有一记让人猝不及防的回旋镖重击。紧随其后的"It's Time to Go"(《该放手了》)带来的是理智而成熟的建议,让你斩断过去的羁绊,将一切抛在脑后。她似乎在对"Right Where You Left Me"里的那个女孩说:"有时放弃也是一种强大,有时逃离也是一种勇敢。"(Sometimes giving up is the strong thing / Sometimes to run is the brave thing.)在 Evermore 结尾的两种声音里,这才是你应该认真倾听的忠告。但是另一个声音更有趣。(让她就"知道什么时候该放手"这种话题给出专业建议,就和找她咨询"银河系天体生物学"和"蒙眼持刀格斗"差不多。)

在"Right Where You Left Me"里,她并不是不知道自己该放手,而是根本不在乎。她无法阻止自己一次次回到同一张桌子前，困在过去的回忆里。她描绘了一个场景，细致到你可以看到餐巾和数清餐具的数量。我总是将这首歌中的餐厅想象成"Begin Again"里的那家餐厅——他们第一次约会的地方，他为她拉开椅子，他自己并不觉得这有多特别，但她铭记在心。而现在，她回到了这个角落的双人桌，连这里的常客都知道别去打扰她。或许每当她推开门时，餐厅的工作人员都会在心里轻轻叹息。

她知道别人能看到她，这正是她的故事里不可或缺的一部分。她沉溺于旁人的窃窃私语，听着那些人用叉子轻点着桌布低声嘲弄："真可悲啊。"她需要见证者。她忍不住去想象那个男孩现在的生活，他或许已经有了妻子和孩子，他可能都不记得她了。（这场分手对他来说并不是一场"Champagne Problems"，更像是一场"Midnight Rain"。）歌曲中间那段梦幻般的低语桥段，是她对一个永远不会发生的美好结局的幻想——那是自布鲁斯·斯普林斯汀的《下行火车》（"Downbound Train"）以来最令人心碎的片段。如果你曾经经历过类似的内心创伤和悲痛欲绝，你一定很熟悉这种场景：一遍遍回到一切出错的地方，想象着"如果可以重来，一切会有什么不同"。她依然停留在 23 岁，被困在自己的幻想中。

大多数时候，当我听到"Right Where You Left Me"时，我就像在那张桌子旁，陪她一起静坐，落满一身灰尘。偶尔，我会变成餐厅里的其他人，目睹着这一幕，就像我们听这首歌时那样。我们是尴尬的旁观者,一边试图吃完晚餐,一边暗自祈祷自己永远不要变成她。

　　但有时候,我是那把班卓琴。当她僵坐在原地时,班卓琴试图提醒她,告诉她还不算太晚,还可以逃离。那段旋律像是在轻轻拉扯她的袖子:走吧,放手吧;为过去画上句号,永远不要回头;逃离这一切吧;赶快行动起来,现在还不算太晚。歌曲结束了,而我们依然不知道她是否听进了这些劝告。

29

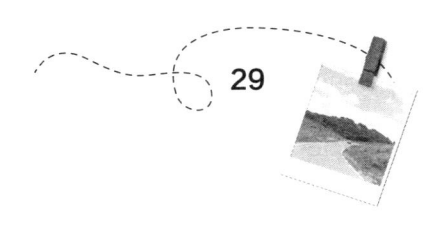

《午夜时分》
Midnights

在 *Lover* 这张她最成功的专辑之一的结尾处，泰勒在高潮曲目"Daylight"的独白中分享了一段人生感悟："我希望自己被我所爱的东西定义，而不是那些我憎恨的东西、那些让我害怕的东西，或是那些午夜里困扰我的东西。"

看来她已经对这些东西释然了。"Daylight"有过辉煌的时光，但她转向了 *Midnights*—— 一张关于失眠和痛苦的专辑。泰勒将这张专辑定义为"散落在我生命中的 13 个不眠之夜的故事"。（可她真的睡着过吗？）她写道："我们在爱与恐惧中辗转反侧，在混乱与眼泪中彻夜难眠。我们死死盯着墙壁，直到在醉意中听见它们轻声回应。我们在自己建造的牢笼中祈祷着，祈祷自己此时此刻不会做出某个改变命运的重大错误决定。这是一部在午夜时分写成的音乐合集，一段穿越恐惧与美梦的旅程。"

在 *Midnights* 中，她的许多执念都交织在一起。"Mastermind"（《幕后主使》）、"You're on Your Own, Kid"、"Bejeweled"、"Midnight Rain"，她不停地建造属于自己的薰衣草迷宫，又迷失在其中。她沉溺于那些在深夜里翻涌不息的焦虑与遗憾。作为"幕后主使"，她的智慧让她能熬夜设计出这些精妙复杂的情感牢笼，却没能让她全身而退。

泰勒用一些充满扭曲感的照片为 Midnights 设定了基调。照片里的她坐在一个有着浓厚的 20 世纪 70 年代汽车旅馆氛围的房间里：木制护墙板、灰暗的绿色地毯、毛茸茸的窗帘一应俱全，还有烟灰缸、打火机、复古的电钢琴键盘。她躺在沙发上，双脚翘起，听着看起来充满前卫气息的黑胶唱片。整个场景就像是卡罗尔·布雷迪喝了几杯哈维斯奶油雪利酒后布置出来的。在这样的房间里，从来不会有什么好事发生。

泰勒在 10 月发布了 *Midnights*，距离她发行 *Red* 刚好 10 年（少一天）。10 月是最"泰勒"的月份。她甚至在一场美国国家橄榄球联盟比赛的第三节播放了一段"预告片"。彼时，她与特拉维斯·凯尔斯之间的故事尚未拉开帷幕，却依然成功激怒了圣徒队和红雀队的球迷，他们甚至比泰勒自己的粉丝还要愤怒。或许，这正是她的意图——让全国观众卷入一场文化解析的狂热，橄榄球迷试图解释什么是"第三次进攻机会"，斯威夫特迷则试图剖析"You're on Your Own, Kid"中雏菊的象征意义。

然而，她所做的一切只是为了确保人们会在一种"睡眠不足"的状态下欣赏 Midnights，确保他们的肾上腺素飙升到极限。她甚至安排了一个凌晨 3 点的惊喜：再度发布 7 首新歌，包括和亚伦·德斯纳合作的"The Great War"（《决战时刻》）和"Bigger Than the Whole Sky"（《超越苍穹》），彻底将这场午夜狂欢推向高潮。

"Anti-Hero"听起来像典型的泰勒式主打单曲，带着些玩笑和自我调侃，却意外地变成了她炙手可热的热门单曲之一。她在社交媒体上说："这首歌会引领着你了解我讨厌自己的所有理由。"她披上"复仇战袍"找那些男人算账，虽然报警这件事和复仇背道而驰，但谁在乎呢？一开始，我并不喜欢"Karma"（《因果报应》），但在电台上反复听到它的副歌后，我逐渐被它打动——这多亏了艾斯·斯派斯的加入。这个歌名或许会让人想到约翰·列侬或乔治·哈里森，但实际上，这更像是保罗·麦卡特尼会在 1975 年为羽翼乐队的专辑《金星和火星》（Venus and Mars）B 面填补的作品。"因果报应是一只猫"（Karma is a cat）既带有 70 年代麦卡式的随性玩味，又让人忍不住想象乔治·哈里森听到这句歌词后气得捶墙的画面。

"Labyrinth"是一首我私藏的最爱，但我从没能说服其他人对它另眼相看。当你不想再关注泰勒词曲创作者的身份，而只是单纯沉浸在她那流行音乐界最出色的嗓音里时，这首歌再适合不过了。这首歌的歌词很简单，她有些副歌的词比这首歌全部的歌词还多。她轻轻吟唱着"吸气，呼气 / 深吸，再呼气"（Breathe in, breathe through / Breathe deep, breathe out），这句话仿佛与合成器闪烁的微光交织在一起。（6个月前，她在纽约大学毕业典礼的演讲中也提到了这句话。）安东诺夫的编曲借鉴了布赖恩·伊诺《另一个绿色世界》（*Another Green World*）时期的风格，同时带着80年代合成器音乐浓烈的味道。这首歌尤其让人想起葛洛丽亚·伊斯特芬音乐目录里少有人提及的迈阿密之音合唱团的《坠入爱河（啊哦）》["Falling in Love (Uh-Oh)"]。"Glitch"（《故障》）是一封写给90年代深蓝调节奏布鲁斯的情书，尤其是最后那句"must be counterfeit"（一定是伪造的）仿歌手娃娃脸风格的副歌。这种感觉贯穿整张 *Midnights* 专辑，比如 "Lavender Haze" 和 "Midnight Rain"。在这些歌里，泰勒拒绝了"他们想让我迎合的那套已经过时的50年代刻板印象"，因为"他们眼中唯一的女孩，要么是一夜情对象，要么是妻子"。（她在纽约大学的演讲中透露："我曾有一段时间，在整个2012年，都穿得像个20世纪50年代的家庭主妇。"）

"Snow on the Beach" 是专辑的亮点：古怪但美得令人惊叹，是典型的"泰勒式组合"。它融合了"羽毛笔泰勒"、"钢笔泰勒"和"荧光笔泰勒"，那么多种泰勒以至于几乎没有给拉娜·德雷留下什么空间。（也许她只唱了标点符号？）这首歌一开始听起来轻飘飘的，甚至有点儿华而不实，但它会像"Enchanted"那样飞升，又像"Clean"那样击中你的内心。

它描述了一种失重的感觉，让你在属于自己的私人世界里，遥望着自己的情感起伏。它伪装成一首"廉价羊毛衫"般的歌，仿佛可以随意穿脱。它不像"The Great War"或"Maroon"(《栗红》)那样瞬间击中你，让情绪深入骨髓。但当她唱到"模糊了我的视野边缘 y"(blurring out my per-i-pher-y)时，你才意识到自己已经悄无声息地掉进她的陷阱。每一个细节都经过精心设计——竖琴的点缀、第二段副歌中隐藏的心跳声，直到那片幸福而静谧的尾声降临。它悄然飘落，它纷扬而至，它铺满天地。[1]

---

[1] 此处引用了"Snow on the Beach"结尾处的歌词"It's coming down, it's coming down, it's coming down"。——编者注

终章

直到永恒
Forevermore

2023 年夏天，泰勒·斯威夫特踏上了她史诗般的时代巡演，这是她迄今为止最盛大的一次巡演。阵亡将士纪念日的周末，我连续三晚观看了她在新泽西的演出，在另一个"残酷夏日"刚开始时，唱着、哭着、经历了一场情感上的"泰勒末日"。她一周一座城市地建立起时代巡演的传奇，每一晚都比前一晚更长久、更狂热、更震撼、更欢腾。2024 年，她为演出加入了新曲目，一首来自 *The Tortured Poets Department* 的作品，她还把这一部分叫作"女性的愤怒：一部音乐剧"（*Female Rage: The Musical*）。

我观看了三晚的演出。第一晚是和我的老朋友、唱片公司贾贾古瓦（Jagjaguwar）的创始人达瑞斯一起，他主要是来看菲比·布里杰斯的。他只知道几首泰勒的歌，但仍然对演出赞叹不已，他形容道："她简直是在投喂粉丝们。"第二晚，我坐在高得令人眩晕的山顶座位上。第三晚，我靠近了舞台的伸展台。"就像那些幻想过一百场生日派对的孩子一样，我梦想着做一件事，"她高喊道，"那就是在大都会体育场的难忘一夜！"周五晚上演出结束后，我凌晨 4 点到家后坐在屋顶上，一边听"Getaway Car"和"Maroon"，一边看着布鲁克林的一轮红日伴随着"Marjorie"冉冉升起。那一刻，我想着自己该如何振作精神，迎接接下来的两晚。

歌曲的密集轰炸简直令人难以承受。在"All Too Well"结束时，每个人都像随时要被担架抬走似的，然后猛然意识到："天啊，我们才演到一半。"她让整个演出成为一个"你已经赢了，为什么还要计分呢"的时刻。她用那个特别的延长音唱了"The 1"，"你在网上认识了一些女人然后带——她们回家——"（You meet some woman on the internet and taaaaake her hooome）。她还唱了"Illicit Affairs"的桥段，呐喊着"不要叫我'孩子'"（Don't call me 'kid'）——这是一首关于在停车场秘密见面的歌。而就在一个小时前，她还唱了"Fearless"，讲述了另一个发生在停车场里的截然不同的恋爱故事，那或许是同一个女孩在几年后的生活。她还在演出中加入了节目单上没有的原声曲目：周五是"Getaway Car"（与来自新泽西的杰克·安东诺夫一起）和"Maroon"，周六是两首关于纽约的爱情歌"Holy Ground"和"False God"(《伪神》),周日则是"Welcome to New York"和"Clean"。

Evermore 是冲击力最强的一部分,它真正成为整个巡演的"时代之巅"。 在现场演绎中,这张阴郁、内省的专辑被升华为体育场级别的轰动曲目。从"'Tis the Damn Season"中 U2 乐队般的吉他律动,到"Champagne Problems"的心碎呢喃,每一首都变得更有冲击力。而"Willow"(《柳》)就像是一场哥特仪式,旁边的一位粉丝对我说:"这就是她招魂的地方。"

当菲比·布里杰斯和泰勒一起演唱"Nothing New"时,她直接向泰勒表白:"你是我的英雄。"这让泰勒激动得难以自已。艾斯·斯派斯则和泰勒同台演出了"Karma"。令人惊讶的是,尽管时代巡演是一场对过去的全面回顾,但它依然呈现了面向未来的姿态。这是一部流行音乐的历史——丰富、深邃、层次分明,而她仍在我们眼前不断改写。

泰勒的时代巡回演唱会电影于 2023 年 10 月上映,影院瞬间变成了演唱会的延伸,充满了狂欢的氛围,尤其是在首映夜,与一群兴奋得无法自抑的观众一起观看时。灯光熄灭的刹那,H 排的一位女孩激动地喊道:"天啊,我之前应该先问问大家的,我们会一起唱吧?因为我想唱!"F-3 座的一位女士立刻响应:"大声唱,放开唱,姐妹!"就这样,关于是否合唱的问题瞬间达成共识。在"The 1"中,当泰勒唱到"你知道,有史以来最伟大的电影从未被制作出来"

（You know the greatest films of all time were never made）时，我附近的一个粉丝激动地喊道："现在有了！"

泰勒的文化影响力显而易见：当她宣布电影将在"13号周五"上映（还能是什么时候呢）时，其他电影纷纷避让，就连备受期待的《驱魔人2》也不得不改档。（"泰勒的力量在驱使着你。"）我在东村的一家影院观看了这部电影，就在离柯尼利亚大街几条街远的地方，票价定为19.89美元（儿童票13.13美元）。当泰勒坐在布满苔藓的钢琴前弹奏"Champagne Problems"时，全场弥漫着悄声的叹息。在惊喜歌曲部分，电影巧妙地搭配了吉他版的"Our Song"和钢琴版的"You're on Your Own, Kid"。这种编排像是成年后的泰勒带着同情，回望那个紧张的、总是过于努力的少女泰勒——那个曾经充满迫切需要的孩子、那个她知道在某种程度上永远与她如影随形的孩子。这是一场跨越17年的对话，更令人动容的是，无论时光如何流转，这两个"泰勒"始终在用同一种语言交谈。

当片尾字幕滚动，灯光重新亮起，我身后的一个女孩喊道："别走！她会回来唱'Haunted'（《心神不宁》）！"说真的，我至今仍然惊讶她居然没有这么做。

2023年4月，泰勒与交往多年的男友乔·阿尔文分手，随后与堪萨斯城酋长队的明星近端锋特拉维斯·凯尔斯展开了一段备受瞩目的新恋情。凯尔斯在追求泰勒这件事上可谓全情投入，几乎是在"公开试镜"，力求拿下"泰勒男友"这一史上最炙手可热的角色。他的努力程度令人印象深刻，仿佛认真研读了"Betty"、"Our Song"和"How You Get the Girl"的歌词，把其中的恋爱策略付诸实践。泰勒显然也乐在其中，她在接受《时代》杂志采访时笑着回忆道："特拉维斯在他的播客里非常可爱地提到我，那就是一切的开始。我觉得那真是太酷了。"在与阿尔文度过6年的"平静年代"（Sweet Nothing）后，泰勒似乎格外享受这段高调的恋情———一种大家以为她早已厌倦的关系模式。不同的是，凯尔斯不仅有自己的财富和名气，还对成为"泰勒男友"这件事毫不畏惧，甚至乐在其中。他早在2016年就出演过自己的真人秀约会节目《抓住凯尔西》，对聚光灯下的爱情毫不陌生。而泰勒也乐于回应，在时代巡演中，她特意将"Karma"歌词中的"屏幕上的男孩"（the guy on the screen）改成了"酋长队的男孩"（the guy on the Chiefs），向他送上甜蜜的舞台致敬。

更妙的是，凯尔斯不仅是泰勒的新恋人，也像是她通往美国国家橄榄球联盟世界的黄金入场券——那个她尚未征服的美国文化的最后堡垒。多年前唱着"Fifteen"的泰勒，如今终于体验到了与橄榄球队男孩约会的乐趣。而当酋长队杀入超级碗，这场最神圣的美国体育赛事也被她点缀上了属于自己的色彩，或者更准确地说，变成了"泰勒·斯威夫特的超级碗狂欢夜"。她和拉娜·德雷在包厢里聊天，被大屏幕捕捉到时豪饮啤酒，收获了一些嘘声，也迎来了更多欢呼。最终，酋长队夺冠，她与凯尔斯一起走上球场，共享胜利时刻。超级碗，这个最神圣的美国体育赛事，因为泰勒的到来而被赋予了全新的意义。至于这是好是坏，就取决于你对橄榄球的态度了。在我家，要么是泰勒粉丝，要么是橄榄球迷，而其中大部分两者都是。这也直接导致我们的超级碗零食菜单变成了一场"斯威夫特风暴"下的创意盛宴，有"'Tis the Damn Cheeseplate"（该死的奶酪拼盘）、"Nacho Problem Anymore"（玉米片不再是问题），以及我个人最喜欢的"I Might Be Queso But I'm Not Fundido All"（我可能是奶酪，但我没有完全融化）。

2024 年 2 月，泰勒·斯威夫特发布了一张全新的专辑，这张专辑是在时代巡演期间的空闲时间秘密创作的。延续她一贯的戏剧性，她选择在格莱美颁奖典礼上官宣这一消息。这张名为 *The Tortured Poets Department* 的专辑充满了宣泄情感的分手歌曲，它所奉行的信条是："在爱与诗歌中，一切皆公平。"然而，就在专辑发布两个小时后，泰勒又追加发行了 *The Anthology*（《选集》），奉上整个一小时更加令人心碎的曲目。从充满迪斯科光彩的"I Can Do It With a Broken Heart"（《心碎无悔》）到带有巫术气息的原声哀歌"The Prophecy"（《预言》），这张专辑的风格跨度极大。然而，泰勒并未过多提及她的新恋情，或者那个陪伴她 6 年的前任。相反，她的灵感来源是一位旧爱——1975 乐队的主唱马蒂·希利。许多粉丝甚至已经忘记 2023 年时她与马蒂的短暂恋情，但正是他让泰勒愤怒到创作出这些歌曲。在她的笔下，他们化身为一对追逐爱情只为寻求折磨的诗人。在专辑的同名歌曲中，她愤怒地唱道："你不是迪伦·托马斯／我不是帕蒂·史密斯／这里也不是切尔西酒店。"（You're not Dylan Thomas / I'm not Patti Smith / This ain't the Chelsea Hotel.）这就像"White Horse"里那段小镇青少年恋情（"我不是公主，这不是童话"）的升级版。只不过这次，故事的背景被搬到了大城市。（这句歌词更添一层黑色幽默，毕竟迪伦·托马斯正是在格林威治村他最爱的白马酒吧里因酒精中毒而去世的。）

帕蒂·史密斯本人对这首歌十分欣赏，她评论道："泰勒的这一创作篇章已经结束，甚至是被钉死了。"她进一步写道："伤口愈合后，我们不再需要复仇，也不必清算旧账。更深入地反思，会发现许多伤害其实是自己造成的。这位创作者深信，当我们的泪水化作纸上的墨迹时，它们会变得神圣。讲述我们最悲伤的故事之后，我们才能从中解脱……剩下的，就只有折磨般的诗歌了。"当然，放下过去一直是泰勒的拿手好戏。史密斯的评论颇具哲思，但我更喜欢我的同事布里塔妮·斯帕诺斯在推特上的总结："看来泰勒得到了一个重要的教训，那就是如果一个 DJ 没有毁掉你的生活，上帝就会送来一个文身的摇滚乐队主唱来完成这个任务。"

2024 年 8 月，泰勒·斯威夫特在维也纳的演唱会因一起未遂的恐怖袭击计划被迫取消。我的姐妹们——特雷西和卡罗琳——分别从伦敦和波士顿飞往维也纳看演出，还带上了各自的丈夫布赖恩特和约翰。对我来说，这是一个令人心惊胆战的周末。但令人意想不到的是，尽管演唱会被取消，她们依然与来自世界各地的霉粉站在街头，用歌声抵抗恐惧。人群聚集在辛格街和柯尼利乌斯巷[①]（理所当然），彼此交换手链，穿着她们的时代巡演装扮，结识新朋友。其中一位来自捷克的粉丝身穿一件印有"此刻有很多女性愤怒"的T恤，成了现场最令人印象深刻的存在。他们拒绝退缩，拒绝被恐惧支配，每个人都在高唱"All Too Well"、"I Can Do It With a Broken Heart"、"Haunted"、"Don't Blame Me"（《别责怪我》）和"Delicate"。那句"1, 2, 3, let's go bitch"（冲啊，姐们儿）的呐喊前所未有地震撼和打动人心。"Wildest Dreams"则成了一个焦点，他们唱了整整四次。"Fearless"曾在无数时刻让我心碎，但当我看到我的姐妹在维也纳的街头与陌生人一起唱着这首歌，把恐惧化作庆祝时，它带给了我前所未有的触动。

泰勒正在迅速步入一个全新的传奇领域。如今，她很少接受采访，但当她愿意开口时，她说的话似乎更像是在取悦自己。例如，当她被《时代》杂志评为2023年"年度人物"时，她笑着说："我正在收集魂器。我正在收集无限宝石。每次发布新作品时，甘道夫的声音都会在我脑海中响起。对我来说，现在的一切都是一部电影。"这句话究竟意味着什么？从记者的角度来看，它的潜台词大概是："我可以随便说点儿什么，你完全不敢追问我到底是什么意思。"大卫·鲍伊曾用尽他全部的天赋，在整个20世纪70年代胡言乱语，

[①] 柯尼利乌斯巷（Cornelius Gasse）与泰勒的歌曲"Cornelia Street"谐音。——译者注

才达到这种境界。泰勒则不费吹灰之力。

她曾经害怕自己会过早地失去光芒。2011年年底，她刚满22岁，也正是在那几周前，我第一次在现场看她演出。那时，她已经在为下一张专辑 Red 写一首关于22岁的歌，叫"Nothing New"。但她并没有立刻发布，而是等了整整10年。在这首歌里，她质问自己："一个人怎么可能在18岁时懂得一切，却在22岁时一无所知？当我不再充满新鲜感时，你还会爱我吗？"（How can a person know everything at eighteen, but nothing at twenty-two? And will you still want me when I'm nothing new?）她的忧虑深藏在一首未发表的歌里，而她的公众形象选择了另一种呈现方式。在"22"里，她雀跃地唱着"我不知道你怎么想，但是我的22岁超级棒！"（I don't know about you, but I'm feeling 22!），用无忧无虑的语调遮掩内心的疑问。但10年后，32岁的她终于让世界听到了"Nothing New"，并找来了菲比·布里杰斯一起演绎这首歌。当泰勒在2011年11月写下这首歌时，菲比还只是加州帕萨迪纳的一个青少年，正是因为听了泰勒的歌，她才萌生了自己创作音乐的想法。泰勒创造了一个世界，在那里她的歌曲将永存并保持旺盛的生命力，即使她仍在疯狂地创作新歌。正如菲比·布里杰斯所说，这个世界的名字叫作：泰勒版本的世界。

致谢

感谢所有帮助过我的人。卡丽·桑顿是我的编辑和导师,本书的每一页都充满了她的智慧和灵感,就像她参与编辑的所有书一样。多年来,与她一起分享音乐是我生命中最深刻的喜悦之一。谢谢你,卡丽。

我深深感激德街图书团队的所有优秀成员,特别是德鲁·亨利、伊丽莎·罗森伯里、凯莉·克罗宁、马克·鲁宾逊、艾莉森·卡尼、海迪·里克特、克利夫·黑利、本·斯坦伯格、龙尼·库蒂斯、埃米莉·梅茨格、玛丽·因特多纳蒂、梅根·特雷诺、杰西卡·里昂斯、梅甘·卡尔和雷切尔·伯奎斯特。感谢你们所有人!我的经纪人马修·埃尔布隆克兼具 *Folklore* 的深度与 *1989* 的闪耀。

感谢所有才华横溢、充满激情且喜欢争论的音乐迷,尤其是我的朋友和家人,他们的声音贯穿了整本书。感谢珍·佩利的敏锐洞察,以及在听"The Archer"时的大声合唱。还有布里塔妮·斯帕诺斯,她在纽约大学教授泰勒相关课程,是世界上首屈一指的泰勒研究专家之一，事实上，她对任何事都精通得令人惊叹。在《滚石音乐现场》播客中，与布里塔妮和布赖恩·希亚特多年来无休止地争论关于泰勒的一切，让我受益匪浅。感谢加文·爱德华兹、乔·利维、安迪·格林、安吉·马托奇奥、克里斯琴·霍尔德和乔恩·多兰的鼎力相助，你们的智慧和才华让这本书更加丰满。

感谢《滚石》杂志的所有同事，过去和现在，我们几乎一直在争论着和泰勒·斯威夫特有关的事情。肖恩·伍兹永远是大师级别的指挥。感谢玛丽亚·丰图拉、格斯·温纳、朱丽莎·洛佩斯、艾莉森·温弗拉什、贾森·纽曼、莉萨·托齐、贾森·法恩、瓦伊斯·阿拉梅什、拉丽莎·保罗、西蒙·沃齐克-莱文森、CT. 琼斯、马亚·乔治、科里·格罗、利娅·卢瑟、汉克·施特默、曼卡普尔·孔泰、乔迪·古列尔米、戴维·布朗、艾伦·塞平沃尔、乔纳森·布利斯坦、乔·赫达克、乔纳森·伯恩斯坦、戴维·费尔、安德烈·吉、特莎·斯图尔特、格里芬·洛茨，以及更多人。举杯向你们致敬，送上 300 杯咖啡外卖！

感谢特里·佩因这位宇宙之王，她总是一切场合中最酷的那个人，也总能对赶时髦乐队的唱片目录发表独到的见解。（愿弗莱奇安息。）感谢世界各地的斯威夫特学者多年来对她音乐的精辟分析，特别感谢汉娜和博主 @sippingaugust，她总是用自己的洞见让我大开眼界。感谢萨拉·格兰特和吉莉恩·格兰特的酒馆智慧、达瑞斯·范·阿尔曼、凯莉·克里根、伊拉娜·卡普兰、洛丽·马耶夫斯基、马克·韦登鲍姆、杰弗里·斯托克、斯蒂芬妮·韦尔斯和布茨、苏茜·埃克斯波西托、埃丽卡·塔夫拉、阿比·本德、珍妮弗·巴兰坦、马修·佩尔佩图阿、加布里埃拉·派艾拉、柔软乐队和赛福特·特丝。感谢艾伦·莱特和公益组织"房屋工程"的所有人。敬坚持乐队及所有同行者。感谢皮尔·哈里森、莉兹·佩利、乔丹·李和朱莉·M-A 的大力支持。

特别感谢查克·克洛斯特曼、布赖恩·克拉里、安·鲍尔斯、阿曼达·佩特鲁西奇、林赛·佐拉兹、肖恩·豪、凯蒂·克拉斯纳、斯泰西·安德森、克里斯·奥利里、基思·哈里斯、布鲁克·赫夫曼、杰茜卡·霍珀、乔·格罗斯、莉齐·古德曼、阿曼达·波瑞斯、卡罗琳·沙利文、塔拉·吉安卡斯普罗、劳拉·斯内普斯、卡琳·甘兹、玛丽亚·舍曼、阿尤什米塔·巴塔查里亚、比安卡(大都会体育场演唱会排队时的粉丝)、梅利莎·埃尔特林厄姆、乔治·罗塞特和梅甘·奥德森。致敬神圣斯威夫特播客的克丽丝塔·多伊尔、凯莉·多伊尔和杰茜卡·扎列斯基。还有布赖恩·曼斯菲尔德、克里斯·威尔曼、塔菲·布罗德塞尔-阿克纳、罗伯特·克里斯戈、梅利莎·马尔茨、格雷尔·马库斯、塔维·盖维森。感谢达西·斯泰因克,她将泰勒·斯威夫特的思想与玛格丽特·杜拉斯和圣女贝尔纳黛特相连。感谢葆拉·埃里克森。致敬杜兰杜兰乐队的绅士们,感谢你们的洞见。

永远感激玛丽·T. 谢菲尔德和鲍勃·谢菲尔德。

本书献给我生命中最酷、最闪耀的斯威夫特传奇粉丝、我挚爱的侄子侄女们:玛吉、马修、杰姬、戴维、悉尼、艾莉森、萨拉和查利。我甚至不需要说"希望你们闪耀",因为你们本就是让我闪耀的光源。我无比崇拜我的姐妹们,她们让我深知自己是多么幸运。敬无懈可击、绝对出色、无所畏惧的:特蕾西·麦基("The Best Day")和布赖恩特·麦基("You Belong With Me"),卡罗琳·汉隆("Betty")和约翰·汉隆("Exile"),安·谢菲尔德("Blank Space")和约翰·格鲁布("Mine")。向唐娜、乔、肖恩、杰克、蕾娜和伊莱扎·罗斯献上我的爱。我们是一个热闹的爱尔兰大家族,争论音乐的声音总能盖过酒吧里的背景音乐。当泰勒·斯威夫特的歌响起,没人愿意和我们待在同一个房间。但正是泰勒·斯威夫特的音乐滋养了我们。我们怀着喜悦,尽情享受这场盛宴。满怀深情,向谢菲尔德家族、麦基家族、汉隆家族、图米家族、克里斯特家族、波拉克家族和尼达姆家族的所有人致谢。

最重要的是,献上永恒的爱和感激给艾丽,她永远是我生命中的新浪漫。